JN287954

日本人のための
アンニョハセヨ
アンニョンハシムニカ
韓国語入門

姜奉植 著

②

Language PLUS

はじめに　머리말

　最近、日本ではアジアとの交流を重視しようとする動きが各界に見られます。中でも、古くから日本と密接な交流があり、日本から最も近い国、韓国への関心は高まりつつあり、韓国語を学んでいる人も増えています。

　近年韓国で日本語を学んでいる学習者は百数十万人に上り、全世界の日本語学習者の半数を占め、中国を抜いて第1位となっています。一方、日本での韓国語学習者も年々増加しており、3年前の1992年10月9日には「ハングル能力検定協会」が設立され、翌年には「ハングル能力検定試験」も行われるようになりました。大学でも韓国語を第1外国語におく大学も出始めています。こういった日韓両国の言語の交流こそが、真の日韓文化交流の幕開けとなるのではないでしょうか。

　本書はこのような時期に初心者でも入門から初級までのカリキュラムを学びやすく、かつ短期間で体系的に学習できるように構成しています。このカリキュラムに沿って学習していただければ、独学でも100時間以内にマスターすることができると思います。本書をマスターした時点で、学習者は簡単な日常会話は言うまでもなく、辞書さえを使えば韓国語で手紙などを書くことも可能になるでしょう。学習者が本書で親しんだ韓国語をきっかけとして、さらなる韓国語学習へと続けていただければ、これにまさる喜びはありません。

　本書の執筆にあたっては、慶熙大学校国語国文学科名誉教授で現在同人学校アルタイ語研究所所長でおられる徐廷範先生から多大な師事を承りました。この紙面を惜りて厚く御礼を申し上げます。

　最後に、本書の出版にあたり、ご協力いただいた時事日本語社の嚴鎬烈社長のご厚意に対して心から感謝申し上げます。また編集作業を含め、実務を担当された同社の皆様にも心から感謝の意を表します。

1995年 10月

姜 奉 植

本書の特徴と構成　이 책의 특징과 구성

　本書は韓国語学習初心者を対象にしています。構成は「ハングル文字と発音」及び「会話と文法」からなっています。本書の特徴は次のとおりです。

　「ハングル文字と発音」では、母音字21個と子音字19個を合わせた40文字をただ丸暗記するのではなく、著者独自の方法による母音字9個と子音字10個の19文字を覚える(第2課と第3課で学習)ことによって、残り21文字はその構成を理解するだけで簡単に覚えられるようになっています。

　「会話と文法」では発音欄を設け、韓国語の微妙な発音の変化について詳しい説明と用例を載せています。ですから、発音変化はぜひ理解したうえで次に進むようにしてください。また、発音の表記では、国際音声字母と片仮名表記をあてていますが、片仮名表記では正確な発音を書き表せない難点があるため、片仮名表記は参考程度にとどめ、できるだけハングルだけで発音ができるように、何度も読む練習を繰り返してください。

　なお、「会話と文法」の構成は、対話に続いて解説、練習の順に組まれています。対話では話し言葉を中心に、日常よく使う実用的な会話を取り上げています。解説では、その課での新出の文法項目について詳細な説明と豊富な例文を挙げています。解説をよく理解してから練習に入るようにしてください。

　付録には、「あいさつとよく使う表現」などもつけてありますので、併せて学習を行ってください。

目次 / 목차

はじめに ——— 3
本書の特徴と構成 ——— 5

会話と文法

17 가을을 가장 좋아해요 ——— 11
秋が一番好きです

18 친구하고 놀러 갔어요 ——— 24
友達と遊びに行きました

19 늦어서 미안해요 ——— 36
遅れてすみません

20 열어 봐도 돼요? ——— 48
開けてみてもいいですか

21 가방을 잃어 버렸어요 ——— 60
カバンを置き忘れてしまいました

22 날씨가 추운 것 같아요 ——— 72
寒いようです

23 언제 출발할 생각입니까? ——— 83
いつ出発するつもりですか

24 신문을 볼 줄 알아요? ——— 94
新聞を読めますか

| 25 | 담배 끊기로 하지 않았었어요?
タバコをやめることにしたんじゃないですか | 106 |

付録

辞書の引き方	121
基本的な用言	123
あいさつとよく使う表現	131
用言の活用表	136
練習問題の解答	144

索引
150

会話と文法

이 책은 초급 단계의 일본인 학습자를 대상으로 쓴 한국어 교과서입니다.
　이 책의 발음 연습 부분에서는 한국의 유명한 사람들의 이름 (고유명사)을 그대로 쓴 경우가 있습니다. 이것은 어려운 발음 연습을 조금이라도 쉽게 하기 위해, '일본인들이 많이 아는 한국사람 이름을 사용하는 게 좋겠다'는 저자의 의도를 존중해서 그대로 따른 것입니다. 그 분들의 명예에는 아무 누가 되지 않음을 여기에서 밝힙니다.

*

　このテキストは、韓国語を初めて学ぶ日本人を対象に書かれたものです。
　本文の発音練習の中に、韓国の有名人の名前（固有名詞）をそのまま使わせていただいたものがあります。これは難しい発音練習を少しでも易しくするため、「日本人になじみの深い韓国人の名前を使いたい」という著者の意図からなるものです。お名前を使わせていただいた方々の名誉を傷つけるものではないことを、ここにあらかじめお断りさせていただきます。

시사일본어사 편집부

17

가을을 가장 좋아해요

秋が一番好きです

・회　화－かいわ・

CD-02

사사키 : 이선혜 씨는 어느 계절을 가장 좋아해요?
李善恵さんはどの季節が一番好きですか。

이선혜 : 가을을 가장 좋아해요. 가을은 단풍이 아름다우니까요. 사사키 씨는요?
秋が一番好きです。秋は紅葉がきれいですから。佐々木さんは。

사사키 : 저는 여름을 제일 좋아해요.
여름은 춥지 않으니까요.
私は夏が一番好きです。夏は寒くないですから。

이선혜 : 그럼, 겨울은 싫어해요?
それじゃ、冬は嫌いですか。

사사키 : 네, 겨울은 너무 너무 추우니까요.
はい、冬はとっても寒いですから。

이선혜 : 그럼, 봄은 어때요?
それじゃ、春はどうですか。

사사키 : 봄도 좋아해요. 따뜻하니까요.
春も好きです。暖かいですから。

단어

たんご

CD-03

사사키 [sasakʰi/ササキ]	佐々木(人名)
이선혜 [isɔn(h)(j)e/イソネ]	李善恵(人名)
계절 [kjedʒɔl/ケジョル]	季節
가장 [kadʒaŋ/カジャン]	最も、一番
좋아해요 [tʃo(h)a(h)ɛjo/チョアヘヨ]	好きです、好みます ▶ 좋아하다の「요」丁寧形
가을 [kaɯl/カウル]	秋
단풍 [tanpʰuŋ/タンプン]	紅葉 ▶ 漢字語「丹楓」から
아름다우니까요 [arɯmdauniʔkajo/アルムダウニカヨ]	きれいですから ▶ 基本形은 아름답다(ㅂ変則)
요 [jo/ヨ]	～です、～ます ▶ 柔らかいニュアンスの丁寧語尾
여름 [jɔrɯm/ヨルム]	夏
제일 [tʃeil/チェイル]	一番 ▶ 漢字語「第一」から
춥지 않으니까요 [tʃʰupʔtʃi an(h)ɯniʔkajo/チュプチ アヌニカヨ]	寒くないですから ▶ 基本形은 춥다(ㅂ変則)
겨울 [kjɔul/キョウル]	冬
싫어해요 [ʃil(h)ɔ(h)ɛjo/シロヘヨ]	嫌いです ▶ 싫어하다の「요」丁寧形、싫다より積極的なニュアンス
너무 [nɔmu/ノム]	とても ▶ 너무너무は強調
추우니까요 [tʃʰuuniʔkajo/チュウニカヨ]	寒いですから
봄 [pom/ポム]	春
어때요 [ɔʔtɛʔjo/オッテヨ]	どうですか ▶ 基本形은 어떻다(ㅎ変則)

따뜻하니까요 [따뜨타니까요 ˀtaˀtɯtʰaniˀkajo/タットゥタニカヨ]

暖かいですから▶基本形は 따뜻하다 ＊パッチム ㅅが[ㄷ]で連音

해설

かいせつ

1「요 丁寧形」

いままでは語尾が「〜ㅂ니다/습니다」で終わる丁寧形を主に学習してきましたが、韓国語には「〜요」で終わる丁寧形もあります。これを「요」丁寧形と呼んで部分的には学習してきました。ここではその「요」丁寧形を、作り方を中心に学習します。

第9課でも述べたように、「요」丁寧形は柔らかい感じのするうちとけた言い方です。しかも丁寧さを保っているので、相手に失礼になるようなことはなく、会話がスムーズに進むよさを持っている表現です。

ただし、「요」丁寧形にはうちとけたニュアンスがありますので、初対面の場面ではひかえた方が失礼にならずに済むでしょう。話を始めて徐々にうちとけてきたら、使うといいです。

요 丁寧形の作り方は、語幹の次に「아/어」の中からいずれかの母音を選び連結し、さらに丁寧さを表す「요」をつけます。

語幹に後続する母音「아/어」のうち、どの母音を選ぶかは母音調和によって決まっています(第5課参照)。

それでは、次の「요」丁寧形における母音調和を学習しましょう。

```
用言の語幹 ＋ 아/어요(〜です、〜ます)
```

① 語幹末音節の母音が「ㅏ・ㅗ」の場合は「아」、それ以外の母音の場合は「어」

をとります。それから「〜요」をつけます。

　　달다(甘い) → 달+아+요＞달아요(甘いです)
　　먹다(食べる) → 먹+어+요＞먹어요(食べます)
　　맛있다(おいしい) → 맛있+어+요＞맛있어요(おいしいです)

単語 달다 [talda/タルダ] 甘い

② しかし、母音語幹の場合は、語幹末音節の母音と後続母音「아/어」とが合体して縮約されます(縮約されていない形も使われている)。

　　語幹末母音が「ㅡ」の場合は、「ㅡ」母音は決まって落ちます。よって、「ㅡ」母音の場合、後続母音の洗濯は「ㅡ」母音の直前音節が存在しないときは、必ず「어」をとることになっています(これを「ㅡ語幹」と呼ぶことにする)。

　　なお、語幹末母音「아/어」が同母音で並んだ場合は、決まって片一方の母音が落ちます。

　a.「ㅗ+아 → ㅘ」
　　보다(見る) → 보+아요＞보아요＞봐요(見ます)
　b.「ㅜ+어 → ㅝ」
　　바꾸다(替える) → 바꾸+어요＞바꾸어요＞바꿔요(替えます)
　c.「ㅣ+어 → ㅕ」
　　마시다(飲む) → 마시+어요＞마시어요＞마셔요(飲みます)
　d.「ㅐ+어 → ㅐ」
　　보내다(送る) → 보내+어요＞보내어요＞보내요(送ります)
　e.「ㅚ+어 → ㅙ」
　　되다(なる) → 되+어요＞되어요＞돼요(なります)
　f.「ㅡ」語幹
　　「ㅡ+어 → ㅓ」「ㅡ+아 → ㅏ」
　　아프다(痛い) → 아프+아요＞아파요(痛いです)
　　기쁘다(うれしい) → 기쁘+어요＞기뻐요(うれしいです)

第17課

　　　쓰다(書く) → 쓰+어요＞써요(書きます)
　g.「ㅏ+아 → ㅏ」
　　　짜다(塩辛い) → 짜+아요＞짜요(塩辛いです)
　h.「ㅓ+어 → ㅓ」
　　　서다(立つ) → 서+어요＞서요(立ちます)

[単語] 바꾸다[paʔkuda/パックダ] 替える　느리다[nɯrida/ヌリダ] のろい　보내다[ponɛda/ポネダ] 送る　아프다[apʰɯda/アプダ] 痛い　기쁘다[kiʔpɯda/キップダ] うれしい　짜다[ʔtʃada/チャダ] 塩辛い　서다[sɔda/ソダ] 立つ

③「하다(する)用言」

　「하다(する)」と「～하다(～する、～だ)」などの「하다用言」の場合、語幹末の「하」に続く母音は「아/어」ではなく、必ず「여」がきます。また、「하여」は「해」に縮約されます。「하여」には文語的な感じがある反面、「해」には口語的な面がありますが、一応両方とも使われています。しかしながら、勢力としては「해」の方が圧倒的に優勢です。

　　하다(する) → 하+여+요＞해요(します)
　　전화하다(電話する) → 전화하+여+요＞전화해요(電話します)
　　건강하다(健康だ) → 건강하+여+요＞건강해요(健康です)

[単語] 건강하다[kɔŋgaŋ(h)ada/コンガンハダ] 健康だ

- 日本語の形容動詞(健康だ、親切だなど基本形が「～だ」で終わるもの)は、韓国語では「～だ」にあたる「～이다」形をとらず、건강하다(健康だ)、친절하다(親切だ)のように「～하다」形をとります。間違えないように注意しましょう。

- 前に学習した「요」丁寧形「～이에요/예요(～です)」と「～이/가 아니에요(～ではありません)」「있어요/없어요」も実はこの作り方から生まれた表現です。

　　・이다(～だ) → 이+어요＞이어요＞이에요(～です)

15

・이/가 아니다(〜ではない) → 이/가 아니+어요＞이/가 아니어요＞이/가 아니에요(〜ではありません)

普通「ㅣ」母音の次に 어 が続くと、「ㅣ＋어」は合体して「ㅕ」になりますが、合体しない場合は「ㅣ」が「ㅓ」に影響を与えて「ㅣ＋ㅔ」になります。

있다(ある) → 있+어요＞있어요(あります)

없다(ない) → 없+어요＞없어요(ありません)

④ 変則用言

上記①②③の他にも、若干変わった活用をする変則用言がいくつかあります。いずれも語幹の次に母音が続くと、変化が起こります。子音が続くときは変化は起こりません。また、変化が起こると、その表記も変わります。

a.「ㅂ 変則」

次の例のように語幹末パッチムが「ㅂ」の場合、「ㅂ」は続く母音と合体して「ワ行[w]音(ㅂ＋아 → **와**、ㅂ＋어 → **워**)」に変わる用言があります。これを「ㅂ 変則」と言います。

「ㅂ 変則」は「돕다(手伝う)」「곱다(きれいだ)」の2語を除き、必ず「어」母音をとります(돕다、곱다 は「아」をとる)。

맵다(辛い) → 맵+어요＞매버요＞매워요(辛いです)

아름답다(美しい) → 아름답+어요＞아름다버요＞아름다워요(美しいです)

＊ 돕다(手伝い) → 돕+아요＞도바요＞도와요(手伝います)

＊ 곱다(きれいだ) → 곱+아요＞고바요＞고와요(きれいです)

[単語] 돕다 [topʔta/トプタ] 手伝う　곱다 [kopʔta/コプタ] きれいだ

b.「ㅎ 変則」

語幹末パッチム「ㅎ」の後に「아/어」母音が続くと、「ㅎ」は落ち、語幹

末母音と「아/어」は合体して「ㅐ」となります。

　　까맣다(黒い) → 까맣＋아요＞까매요(黒いです)

　　어떻다(どうだ) → 어떻＋어요＞어때요(どうですか)

　　그렇다(そうだ) → 그렇＋어요＞그래요(そうです)

単語　까맣다[ʔkamatʰa/カマタ] 黒い　　어떻다[ɔʔtɔtʰa/オットタ] どうだ

■ なお、語幹末音節のパッチム「ㅂ」「ㅎ」だけで変則用言と断定してはいけません。それは同じ形をしていながら変則的な活用をせず、①のような規則的な活用をする用言もあるからです。それについては付録の「基本的な用言の変則用言と規則用言」を参照にしてください。

⑤ いままで学習してきた諸丁寧形の「요」丁寧形を整理すると、次のようになります。

　　「～겠습니다(意志・推量・婉曲)」→「～겠어요」

　　「～고 있습니다(進行)」→「～고 있어요」

　　「～지 않습니다(否定)」→「～지 않아요」

　　a. 내일 전화하겠어요. 明日電話します。(意志)

　　b. 그녀는 행복하겠어요. 彼女は幸せでしょう。(推量)

　　c. 한국말을 잘하면 좋겠어요.
　　　　韓国語が上手ならばいいのですが。(婉曲)

　　d. 그는 부산에서 살고 있어요. 彼は釜山に住んでいます。(進行)

　　e. 나는 술을 먹지 않아요. わたしはお酒を飲みません。(否定)

単語　내일[nɛil/ネイル] 明日 ▶ 漢字語「来日」から　행복[hɛŋbok/ヘンボク] 幸せ、幸福　부산[pusan/プサヌ] 釜山(地名)　먹다[mɔkʔta/モッタ] 食べる、飲む ▶ 韓国語では飲むにあたる語 마시다 がありますが、普通、口に入るのは飲むであろうが食べるであろうが、먹다 で言います。

■「요」丁寧形は、同じ形で語尾をあげて疑問文っぽく言えば、疑問文になります。また、命令っぽく言えば命令文にもなり、勧誘っぽく言えば勧誘文にもなり、さらに詠嘆の気持ちで言うと詠嘆文にもなり、実に会話では便利な表現です。なお、この豊かな表現力は丁寧形語尾 요 をとって話しても有効ですが、丁寧さのない「ぞんざいな言い方」になります。요 をとったぞんざいな言い方は、子供に対してとか、もしくは会社の上司が部下に対してとかに使っています。また、とても親しい仲での言い方としても使われています。例えば、子供の頃から友達であった仲とか、学校の先輩が後輩に対してとかなど、うちとけられる仲間の間でよく使われます。

　この豊かな表現の決め手になるのはイントネーションですが、韓国語のイントネーションと日本語のイントネーションではさほど大きな違いはありませんので、日本語のイントネーションで充分代用できます。

　a. 언제 한국에 가요?　いつ韓国に行きますか。(疑問)
　b. 다음 주에 가요.　来週行きます。(叙述)
　c. 여기 좀 봐요.　ちょっと、こちら見てください。(命令)
　d. 박물관에 같이 가요.　博物館に一緒に行きましょう。(勧誘)
　e. 꽃이 아주 예뻐요!　花がとてもきれいですね!(詠嘆)

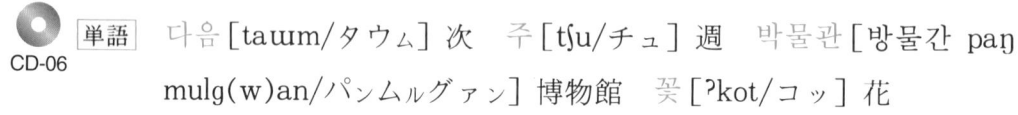

単語　다음 [taɯm/タウム] 次　주 [tʃu/チュ] 週　박물관 [방물간 paŋmulg(w)an/パンムルグァン] 博物館　꽃 [ʔkot/コッ] 花

2 理由を表す表現「〜(으)니까」

「〜(으)니까」は語幹について、「〜から、〜ので」と訳される理由などを表す表現です。例のごとく母音語幹には「〜니까」、子音語幹には「〜으니까」がつきます。体言につくときは「〜이니까」となり、母音語幹の後では「이」が落ちることがあります。なお、語尾に「〜요」をつけるとそれぞれの「요」丁寧形になります。

　오늘은 바쁘니까 내일 가겠어요.　きょうは忙しいから明日行きます。

사사키 씨는 젊으니까요. 佐々木さんは若いですから。
한국에서 사니까 말을 빨리 배웁니다. ＊ㄹ語幹
　韓国で暮らしているので言葉がはやく覚えられます。
여기는 한국이니까 한국식으로 하겠습니다.
　ここは韓国だから韓国式でやります。

単語　바쁘다 [pa²pɯda/パップダ] 忙しい　젊다 [tʃɔm²ta/チョㇺタ] 若い　말 [mal/マル] 言葉、話　빨리 [²palli/パルリ] はやく　배우다 [pɛuda/ペウダ] 覚える、学ぶ、習う　식 [ʃik/シㇰ] 式

■ ㅂ変則

「ㅂ」パッチムと 으 母音が合体して「우」に変わります。
　겨울은 너무 추우니까요. 冬はとっても寒いですから。
　가을은 단풍이 아름다우니까요. 秋は紅葉がきれいですから。

■ ㅎ変則

「ㅎ」パッチムと 으 がともに落ちます。(ㅎ+으＞흐＞으、ㅡ母音脱落)
　머리가 까마니까 젊게 보여요. 髪の毛が黒いから若く見えます。
　항상 그러니까 문제예요. いつもそうだから問題です。

単語　머리 [mɔri/モリ] 頭、髪の毛　보이다 [pɔida/ポイダ] 見える　문제 [mundʒe/ムンジェ] 問題

3 用言の活用の3タイプ

今まで出てきた用言につく語尾のタイプを整理して見ますと、次のように3つのタイプに分かれることがおわかりいただけると思います。

① 第1タイプ

母音語幹、子音語幹の両方に、区別なく同じ形が用いられるタイプです。

「〜다(基本形の語尾)」「〜고 있다(〜している、進行)

「〜지 않다(否定形)」「〜겠〜(意志)」
「〜(는)군요、〜네요(詠嘆)」「〜고(羅列)」

② 第2タイプ

　母音語幹か子音語幹かによって、後続する活用語尾が若干違ってくるタイプです(おおむね「으」母音の有無)。
「〜ㅂ니다/습니다(丁寧形)」「〜(으)면(条件)」
「〜(으)니까(理由)」

③ 第3タイプ

　1の「요」丁寧形で見たように語幹末音節の母音の種類によって、つく母音が変わるタイプです(아/어 母音の選択)。
「〜아/어요(요 丁寧形)」の他。

　上記の3つのタイプを「語基」と称する本もありますが、ここでは「タイプ」という言い方をします。韓国語の用言の活用は、この3つのタイプのいずれかに該当しますので、よく覚えておいてください。

第 17 課

연습문제
れんしゅう もんだい

1 次の各文を 요 丁寧形に変えてください。

(1) 봄은 따뜻합니다. ⇨ _____.

(2) 여름은 덥습니다. ⇨ _____.

(3) 가을은 시원합니다. ⇨ _____.

(4) 겨울은 춥습니다. ⇨ _____.

(5) 여름이 가장 좋습니다. ⇨ _____.

(6) 나는 술을 먹지 않습니다.
　　⇨ _____.

(7) 머리가 아픕니다. ⇨ _____.

(8) 비가 옵니다. ⇨ _____.

(9) 봄은 어떻습니까? ⇨ _____?

(10) 매일 회사에 갑니다. ⇨ _____.

(11) 선혜 씨는 전화합니다. ⇨ _____.

(12) 내일 전화하겠습니다. ⇨ _____.

(13) 사사키 씨는 마음이 곱습니다.
　　⇨ _____.

(14) 한국말을 잘하면 좋겠습니다.
　　⇨ _____.

(15) 경희대학교에서 한국어를 배웁니다.
　　⇨ _____.

2 絵を見て、次の質問に適当な答えを書いてください。

(1) 사사키 씨는 어느 계절을 좋아해요?
　　_____.

(2) 이선혜 씨는 어느 계절을 좋아해요?
　　_____.

(3) 이은주 씨는 어느 계절을 좋아해요?
　　_____.

(4) 김 선생님은 어느 계절을 좋아해요?
　　_____.

第17課

3 次の2つの文を「～(으)니까」を使って、1つの文に直してください。

(1) 오늘은 바쁩니다. 내일 가겠습니다.

⇨ _____.

(2) 한국에서 삽니다. 말을 빨리 배웁니다.

⇨ _____.

(3) 여기는 한국입니다. 한국식으로 하겠습니다.

⇨ _____.

(4) 오늘은 날씨가 춥습니다. 집에 있겠습니다.

⇨ _____.

(5) 머리가 까맣습니다. 젊게 보여요.

⇨ _____.

(6) 항상 그렇습니다. 문제예요.

⇨ _____.

4 (　　)の中の単語を適当な形に変えて、答えを書いてください。

(1) 왜 봄을 좋아해요?
　　(따뜻하다)　봄은 _____.

(2) 왜 여름을 좋아해요?
　　(춥지 않다)　여름은 _____.

(3) 왜 가을을 좋아해요?
　　(단풍이 아름답다)　가을은 _____.

(4) 왜 겨울을 싫어해요?
　　(너무 춥다)　겨울은 _____.

23

18

친구하고 놀러 갔어요

友達と遊びに行きました

· 회　화 -かいわ·

CD-07

이영숙 : **어제 7시쯤 어디 있었어요?**
昨日の7時ごろどこにいましたか。

다나카 : **명동에 있었어요.**
明洞にいました。

이영숙 : **명동에는 왜 갔습니까?**
どうして明洞に行ったんですか。

다나카 : **친구하고 놀러 갔어요.**
友達と遊びに行ったんです。

이영숙 : **누구하고 갔어요?**
誰と行ったんですか。

다나카 : **태성 씨하고 둘이 갔어요.**
泰聖さんと2人で行きました。

이영숙 : **명동에서 뭐 했어요?**
明洞で何をしましたか。

다나카 : **쇼핑하고, 그리고 같이 식사하고 돌아왔어요.**
ショッピングをして、それから一緒に食事をして帰ってきました。

단어　　　　　　　　　　　　　　たんご

CD-08

어제 [ɔdʒe/オジェ]	昨日
7시 [일곱씨 ilgopʔʃi/イルゴプシ]	7時 ▶「～時」「～時間」の場合は、漢字語の数詞ではなく、固有語の数詞で数えます。
쯤 [ʔtʃɯm/ツム]	ごろ
있었어요? [itʔsɔtʔsɔjo/イッソッソヨ]	いましたか
명동 [mjɔŋdoŋ/ミョンドン]	明洞 ▶日本の銀座にあたるソウルの地名
있었어요 [itʔsɔtʔsɔjo/イッソッソヨ]	いました
갔습니까? [katʔsɯmniʔka/カッスムニカ]	行きましたか
놀러 [nollɔ/ノルロ]	遊びに
갔어요 [katʔsɔjo/カッソヨ]	行きました
갔어요? [katʔsɔjo/カッソヨ]	行きましたか
둘이 [turi/トゥリ]	2人で ▶둘이서 とも言う。
했어요? [hɛtʔsɔjo/ヘッソヨ]	しましたか
쇼핑 [ʃopʰiŋ/ショピン]	ショッピング
그리고 [kɯrigo/クリゴ]	そして、それから
식사 [ʃikʔsa/シクサ]	食事
돌아왔어요 [tora(w)atʔsɔjo/トラワッソヨ]	帰る、帰ってくる ▶基本形は 돌아오다

해설

かいせつ

1 固有語の数詞

　第12課では「일、이、삼…」と数える漢字語の数詞について学習しましたが、それは日本語の「いち、に、さん…」にあたる数詞でした。日本語にはこの他に「ひ、ふ、み…」という日本固有の数詞がありますが、韓国語にもこれに相当する、固有語の数詞があります。固有語の数詞は、1～10の他に20、30、…90にもそれぞれ違った別の言い方がありますので、通常99まで数えられます。100以上の場合は漢字語の数詞を交えて数えることもできます。

① 基本的な数詞

1	하나 [hana/ハナ]	2	둘 [tul/トゥル]
3	셋 [set/セッ]	4	넷 [net/ネッ]
5	다섯 [tasɔt/タソッ]	6	여섯 [jɔsɔt/ヨソッ]
7	일곱 [ilgop/イルゴプ]	8	여덟 [jɔdɔl/ヨドル]
9	아홉 [a(h)op/アホプ]	10	열 [jɔl/ヨル]
20	스물 [sɯmul/スムル]	30	서른 [sɔrɯn/ソルヌ]
40	마흔 [ma(h)ɯn/マフヌ]	50	쉰 [ʃ(w)in/シュィヌ]
60	예순 [jesun/イェスヌ]	70	일흔 [il(h)ɯn/イルフヌ]
80	여든 [jɔdɯn/ヨドゥヌ]	90	아흔 [a(h)ɯn/アフヌ]

　■ 11から19までの数え方は、漢字語の数詞の場合と同じく、10(열)に1(하나)、2(둘)、…9(아홉)を組み合わせて数えます。なお、열の後に12(열둘[열뚤])、13(열셋[열쎈])、15(열다섯[열따섣])のように平音で始まる語が続くと、その平音は濃音で発音されます。

また、16(열여섯)、17(열일곱)、18(열여덟)はそれぞれ［열려섣］［열릴곱］［열려덜］と発音されます。それは、여섯、일곱、여덟 の古音 녀섯、닐곱、녀덟 が語中語尾ではまだその音価が残っているからです。これらの数字が 열(10)に続くと、열 のパッチム「ㄹ[l]」と「ㄴ[n]」は流音化を起こし両方とも「ㄹ[l]」で発音されます(第12課 発音 1を参照)。14(열넷)も流音化を起こし［열렏］と発音されます。

② 하나(1)、둘(2)、셋(3)、넷(4)、스물(20)に助数詞がつくと、語末の音が落ちます。

- 하나(1) → 한、둘(2) → 두、셋(3) → 세、넷(4) → 네、스물(20) → 스무

  하나(1) → 한＋개(個)＞한 개(1個)

  둘(2) → 두＋시(時)＞두시(2時)

  셋(3) → 세＋시간(時間)＞세시간(3時間)

  넷(4) → 네＋살(歲)＞네 살(4歲)

  스물(20) → 스무＋잔(杯)＞스무 잔(20杯)

■ 固有語の数詞につく助数詞には次のようなものがあります。

개 [kɛ/ケ] 個　　　　　　시 [ʃi/シ] 時
시간 [ʃigan/シガヌ] 時間　　살 [sal/サル] 歲
잔 [tʃan/チャヌ] 杯　　　　번 [pɔn/ポヌ] 回、度
사람 [saram/サラム] 人　　명 [mjɔŋ/ミョン] 名
분 [pun/プヌ] 方、〜名様　마리 [mari/マリ] 匹、羽、頭
권 [k(w)ɔn/クォヌ] 冊 ▶漢字語「巻」から　달 [tal/タル] つき
병 [pjɔŋ/ピョン] 本(瓶類)
대 [tɯ/テ] 台
자루 [tʃaru/チャル] 本、▶手で握れるもの、刀、鉛筆、斧、小銃など
갑 [kap/カプ] (小さな)箱
상자 [saŋdʒa/サンジャ] (大きな)箱

27

■「〜人で」という言い方には、「〜사람이서」という言い方と、他の言い方があります。後者では、「ひとりで」は 혼자서、「ふたりで」は 둘이서、「3人で」は 셋이서、「4人で」は 넷이서、……、「10人で」は 열이서 と言います。「11人で」からは 열한 사람이서 と前者の言い方になります。なお、「서」は言わないこともあります。

2 過去形

過去形は、用言の活用の第3タイプ（前課 解説 3参照）です。つまり、語幹末音節の母音の種類によって「아/어」のいずれかの母音をとるタイプです。母音を選んだら、それに過去形接辞「ㅆ(パッチム)」をつけ「〜았/었」のいずれかの形にし、語尾「〜다」をつければ、過去形になります。なお、語尾「〜다」を「〜습니다」と置き換えると丁寧な過去形になり、「〜어요(았/었 のどちらにもつく)」と置き換えれば 요丁寧形になります。

```
動詞
形容詞    語幹 + 았/었 + 다    （〜した）
存在詞                      （〜かった、だった）
指定詞                      （〜た、かった）
                          （〜だった）
```

지하철에는 사람이 많았습니다. 地下鉄は人が多かったです。
버스에는 사람들이 많지 않았습니다. バスに人は多くなかったです。
태성 씨, 점심 먹었어요? 泰聖さん、昼食食べましたか。
아직 안 먹었어요. まだ食べていません。
그저께는 잔업이 있었습니다. おとといは残業がありました。
일본은 잘사는 나라가 되었습니다. 日本は豊かな国になりました。

　　＊「〜になる」は「〜이/가 되다」と「が」にあたる助詞を使うことに注意してください。

그는 옛날에 선생님이었습니다. 彼は昔先生でした。

여기는 옛날에 바다였어요. ここは昔海でした。

　　＊母音語幹の場合は 이었 が「였」に縮約されます。

그는 회사원이 아니었습니다. 彼は昔会社員ではありませんでした。

単語 지하철 [tʃi(h)atʃʰɔl/チハチョル] 地下鉄　아직 [adʒik/アジㇰ] まだ　그저께 [kɯdʒɔʔke/クジョッケ] おととい　잔업 [tʃanɔp/チャノㇷ゚] 残業　잘살다 [tʃalsalda/チャルサルダ] よく暮らす、豊かに暮らす　옛날 [jennal/イェンナル] 昔▶韓国語では時間名詞を言うとき、「に」にあたる助詞 에 をつけて言うことが多いです。ただし、「오늘(今日)、어제(昨日)、내일(明日)、지금(いま)」には 에 をつけません。바다 [pada/パダ] 海

① 母音語幹の場合、語幹末母音と続く「～았/었」とが合体し、縮約されることがあります(前課 解説 1－②参照)。

　　명동에 혼자 갔습니다. 明洞にひとりで行きました。

　　선생님한테 편지를 보냈어요. 先生に手紙を送りました。

　　한국에서 친구가 왔습니다. 韓国から友達がきました。

　　영숙 씨에게 선물을 줬어요. 英淑さんにプレゼントをあげました。

　　태성 씨하고 둘이서 마셨습니다. 泰聖さんとふたりで飲みました。

　　다나카 씨는 부장님이 되었습니다. 田中さんは部長になりました。

　　우표를 많이 모았습니다. 切手をたくさん集めました。

単語 편지 [pʰjɔndʒi/ピョンジ] 手紙　선물 [sɔnmul/ソヌムル] プレゼント　모으다 [moɯda/モウダ] 集める

② 「하다 用言」

「하다 用言」の場合、語幹末「하」は「였」をとり、「하였」は「했」に縮約されます。

　　어제 수미 씨한테 전화했어요. 昨日秀美さんに電話しました。

　　학생 때는 열심히 공부했어요. 学生の頃は一所懸命に勉強しました。

CD-10 　単語　때 [ʔtɛ/テ] 時　열심히 [jɔlʔʃim(h)i/ヨルシミ] 熱心に

③「ㅂ変則」「ㅎ変則」(前課 解説 1-④参照)

　　김치가 아주 매웠습니다. キムチがとても辛かったです。

　　처녀 때는 피부가 아주 고왔습니다.
　　　娘の頃は肌がとてもきれいでした。

　　일본 여행 때, 인상이 어땠어요?
　　　日本へ旅行したときの印象はどうでしたか。

　　처녀 때는 피부가 하얬어요.　娘の頃は肌が白かったです。

CD-10 　単語　김치 [kimtʃʰi/キムチ] キムチ　처녀 [tʃʰɔnjɔ/チョニョ] 娘、処女　피부 [pʰibu/ピブ] 皮膚　여행 [jɔ(h)ɛŋ/ヨヘン] 旅行　인상 [insaŋ/インサン] 印象　하얗다 [hajatʰa/ハヤタ] 白い

④ 日本語では動作は過去のある時点ですでに終わっていてもその結果が後に残っている場合は、現在形「〜している(結果の状態)」で言いますが、韓国語では現在形「〜고 있다(進行)」では言わず過去形で言う動詞があります。その主な動詞は次のとおりです。

　　살찌다 [salʔtʃida/サルッチダ] ふとる
　　마르다 [maruda/マルダ] やせる
　　결혼하다 [kjɔl(h)on(h)ada/キョロンハダ] 結婚する
　　죽다 [tʃukʔta/チュクタ] 死ぬ
　　타다 [tʰada/タダ] 乗る
　　입다 [ipʔta/イプタ] 着る
　　신다 [ʃinʔta/シンタ] 履く
　　쓰다 [ʔsuda/スダ] かぶる

　　그녀는 조금 살쪘습니다. 彼女は少しふとっています。
　　다나카 씨는 결혼했습니다. 田中さんは結婚しています。
　　선생님은 앞에 탔어요. 先生は前に乗っています。
　　영숙 씨는 청바지를 입었어요. 英淑さんはジーンズをはいています。

[単語] 청바지 [tɕʰɔŋbadʑi/チョンバジ]　ジーンズ ▶ 청 は漢字語「青」
　　　　から、바지 は「ズボン」

⑤ 過去形には、「～고(羅列)、～지만(～が)、～겠(推量)」など、いろいろな形での接続が可能です。

　　나는 비빔밥을 먹었고, 그녀는 냉면을 먹었습니다.
　　わたしはピビンバを食べて、彼女は冷麺を食べました。

　＊「고」には先述(第10課、第15課)したように、2つの文を1つの文にし羅列する機能があります。しかし、動詞の場合にはさらにもう1つの機能、「～고」の前の文が後の文より時間的に先行することを表す機能もあります。

　　밥을 먹고 나갔어요.　ご飯を食べてから出かけました。
　　저녁을 먹고 텔레비전을 봤어요.
　　夕飯を食べてからテレビを見ました。

　　그는 한국 사람이 아니었지만 한국말을 잘했습니다.
　　彼は韓国人ではなかったですが、韓国語が上手でした。
　　어제는 비가 왔지만 일을 했습니다.
　　昨日は雨でしたが、仕事をしました。

[単語] 비빔밥 [pibimbap/ピビムバㇷ゚]　ピビンバ ▶ 비빔 は「混ぜ」の意で、밥 は「ご飯」の意です。 밥 [pap/パㇷ゚] ご飯　나가다 [nagada/ナガダ] 出かける　저녁 [tɕɔnjɔk/チョニョク] 夕方、夕飯

■ 今までいろいろな活用形の接辞が出てきましたが、これらの接辞には接順があります。否定と尊敬の順は入れ替わってもかまいません。

```
語幹 ＋ 지 않(否定) ＋ 으시(尊敬) ｜ 았/었(過去)
　　　＋ 겠(意志・推量) ＋ 語尾
```

例えば、「お忙しくなかったでしょう」は「바쁘＋지 않＋으시＋었＋겠＋

31

습니다(시+었 は 셨 に 縮約)」と「바쁘+시+지 않+았+겠+습니다」のどちらでも言います。

3 「〜しに」という目的の表現「〜(으)러」

動詞の語幹に「〜(으)러」をつなげると、「〜しに」という目的を表す表現になります。つまり、用言の活用第2タイプです。

「ㄹ」語幹は 으 の次に「ㄹ [r]」がくると母音語幹活用形をとります(第15課 解説 4の「ㄹ」語幹参照)。

친구 만나러 나갔어요.　友達に会いに出かけました。

명동에 놀러 갔어요.　明洞へ遊びに行きました。

자기 뿌리를 찾으러 한국에 왔습니다.
　自分のルーツをさがしに韓国に来ました。

[単語] 만나다[mannada/マンナダ] 会う　자기 [tʃagi/チャギ] 自分。漢字語「自己」から　뿌리 [ʔpuri/プリ] 根　찾다 [tʃʰatʔta/チャッタ] さがす

CD-11

第 18 課

연습문제
れんしゅう もんだい

1 次の語をハングルで書いてください。

(1) 6時 ⇨ _____　　(2) 20歳 ⇨ _____
(3) ひとりで ⇨ _____　　(4) 4時間 ⇨ _____
(5) ひと月 ⇨ _____　　(6) 2度 ⇨ _____
(7) 10人 ⇨ _____　　(8) 7名様 ⇨ _____
(9) 5冊 ⇨ _____　　(10) 一杯 ⇨ _____
(11) 3個 ⇨ _____　　(12) ふたりで ⇨ _____

2 絵を見て次の質問に適当な答えを書いてください。

(1) 점심 먹었어요?

　　_____.

(2) 명동에 혼자 갔습니까?

　　_____.

(3) 어제 누구한테 전화했어요?

　　_____.

(4) 김치가 어땠어요?
　　_____.

(5) 누구한테 선물을 줬어요?
　　_____.

(6) 어제 저녁 먹고 뭐했어요?
　　_____.

(7) 다나카 씨는 살쪘습니까?
　　_____.

(8) 다나카 씨는 독신입니까?
　　_____.

(9) 선생님은 어디 탔어요?

＿＿＿＿＿＿＿＿＿＿＿．

(10) 영숙 씨는 뭐 입었어요?

＿＿＿＿＿＿＿＿＿＿＿．

単語　독신：独身

3 （　　）の中の動詞を適当な形に変えて書き入れてください。

(1) 친구를 (만나다⇒　　　　　) 명동에 나갔습니다.
(2) 명동에 (놀다⇒　　　　　) 갔습니다.
(3) 자기 뿌리를 (찾다⇒　　　　　) 한국에 왔습니다.
(4) 불고기를 (먹다⇒　　　　　) 불고기 집에 갔습니다.
(5) (공부하다⇒　　　　　) 학교에 갔습니다.

19

늦어서 미안해요

遅れてすみません

・회 화 －かいわ・

CD-12

다카하시 : 늦어서 미안해요.
遅れてすみません。

허 홍 규 : 괜찮아요. 덕수궁하고 경복궁하고 어디부터 보고 싶어요?
大丈夫です。徳寿宮を景福宮のどちらから見たいですか。

다카하시 : 가까운 데부터 갑시다.
近い所から行きましょう。

허 홍 규 : 여기서는 덕수궁이 가까워요. 걸어서 5분밖에 안 걸려요.
ここからは徳寿宮の方が近いです。歩いて5分しかかかりません。

다카하시 : 그럼, 걸어갈까요?
それじゃ、歩いて行きましょうか。

허 홍 규 : 네, 얘기나 하면서 걸어갑시다.
ええ、話でもしながら歩いて行きましょう。

*

허 홍 규 : 다 왔어요. 저기 보이는 빨간 대문이 덕수궁 정문이에요.
もうすぐです。あそこに見える赤い(大)門が徳寿宮の表門です。

第 19 課

단어　　　　　　　　　　　　たんご

CD-13

늦어서 [nɯdʑɔsɔ/ヌジョソ]	遅れて ▶ 基本形は 늦다
허홍규 [hɔ(h)oŋgju/ホホンギュ]	許洪奎(人名)
덕수궁 [tɔkʔsuguŋ/トクスグン]	徳寿宮 ▶ 朝鮮の宮殿の1つ
보고 싶어요? [pogo ɕipʰɔjo/ポゴ　シポヨ]	見たいですか
데 [te/テ]	所、場
갑시다 [kapʔɕida/カプシダ]	行きましょう
여기서 [jɔgisɔ/ヨギソ]	ここから、ここで ▶ 여기에서 の話し言葉
걸어서 [kɔrɔsɔ/コロソ]	歩いて ▶ 基本形は 걷다(「ㄷ」変則)
걸리다 [kɔllida/コルリダ]	かかる
걸어갈까요? [kɔrɔgalʔkajo/コロガルカヨ]	歩いて行きましょうか ▶ 基本形は 걸어가다
얘기 [jɛgi/イェギ]	話
～나 [na/ナ]	～でも、も ▶ 子音語幹には「～이나」がつく
～하면서 [hamjɔnsɔ/ハミョンソ]	～しながら
걸어갑시다 [kɔrɔgapʔɕida/コロガプシダ]	歩いて行きましょう
다 [ta/タ]	全部、全て
빨갛다 [ʔpalgatʰa/パルガタ]	赤い(「ㅎ」変則)
대문 [tɛmun/テムヌ]	大門、門
정문 [tɕɔŋmun/チョンムヌ]	正門、表門

37

해설

かいせつ

1 理由・根拠を表す表現「～아/어서」

用言の活用第3タイプに「～서」をつなげると、理由・根拠・先行文と後続文の関連性を表す表現が作れます。動詞・存在詞については「～して」「～したので」、形容詞については「～くて」「～で」「～ので」と訳されます。

| 動詞・存在詞
形容詞 | 語幹 ＋ 아/어 ＋ 서 | （～して、～したので）
（～くて、～で、～ので） |

술을 많이 마셔서 머리가 아파요. お酒を飲み過ぎて頭が痛いです。
밤샘을 해서 피곤해요. 徹夜をして疲れています。
걸어서 5분밖에 안 걸려요. 歩いて5分しかかかりません。
값이 너무 비싸서 안 샀어요. 値段が高すぎて買いませんでした。
학교가 가까워서 아주 편리해요. 学校が近いのでとても便利です。
대문이 빨개서 금방 눈에 띠네요! 大門は赤いのですぐ目につきますね。
냉면이 맛있어서 2그릇이나 시켰어요.
　冷麺がおいしかったので2人前も注文しました。
냉면이 맛있었어요. 그래서 2그릇이나 시켰어요.
　冷麺がおいしかったです。それで2人前も注文しました。

＊ 上記の文のほとんどは、接続詞「그래서」を使って言っても同じ表現になります。

＊「ㄷ」変則
　語幹末パッチム「ㄷ」の後に母音が続くと、「ㄷ」が「ㄹ」に変わることがあります。(ㄷ＋아 → ㄹ＋아、ㄷ＋어 → ㄹ＋어、ㄷ＋으 → ㄹ＋으) これを「ㄷ変則」と言います。

깨닫다(悟る) → 깨닫＋아서＞깨달아서(悟って)

걷다(歩く) → 걷＋어서＞걸어서(歩いて)

듣다(きく) → 듣＋으면＞들으면(きいたら)

[単語] 밤샘［pamsɛm／パムセム］徹夜　걷다［kɔtʔta／コッタ］歩く　값［kap／カプ］値段　편리［pʰjɔlli／ピョルリ］便利　금방［kɯmbaŋ／クムバン］すぐ　눈［nun／ヌヌ］目　띄다［t(ɯ)ida／トゥィダ］（目に）つく　그릇［kɯrɯt／クルッ］器、人前　시키다［ʃikʰida／シキダ］注文する　깨닫다［kɛdatʔta／ケダッタ］悟る　듣다［tɯtʔta／トゥッタ］聴く、利く、効く

① 「〜서」の先行文と後続文の動作が互いに関連性がある場合は、先行文が後続文より時間的に先行することを意味します。「動作に関連性がある」ということが類似表現「〜고」(前課 [解説] 2－⑤参照)とは違うところです。

　　시장에 가서 샀습니다．市場に行って買いました。

　　책을 사서 선물했습니다．本を買ってプレゼントしました。

　　김 선생님을 만나서 같이 식사했습니다．

　　　金先生に会って一緒に食事しました

[単語] 책［tʃʰɛk／チェク］本

② 「〜아/어서 그래요」

　「〜아/〜어서」の後に「그래요(そうです)」をつなげますと、直訳では「〜からそうです」という意になります。日本語としては少々ぶっきらぼうな言い方に聞こえるかも知れませんが、韓国語ではそういうニュアンスはありません。ごく普通に話せる表現で、動詞については「〜したからです」という意味で、形容詞については「〜からです」という意味で、会話によく使われます。

　a. 왜 그래요?　どうしたんですか。

　　　사랑에 빠져서 그래요．恋に落ちたからです。

　b. 왜 피곤해요?　なぜ疲れていますか。

하루 종일 일해서 그래요．　一日中働いたからです。
c. 왜 영어를 싫어합니까?　なぜ英語が嫌いですか。
　　발음이 어려워서 그래요．　発音が難しいからです。
d. 왜 그래요?　どうしたんですか。
　　매워서 그래요．　辛いからです。

＊왜　그래요?は、直訳では「なぜそうですか?」「なぜそうしていますか?」になりますが、意訳では「どうしたんですか?」「どうかしましたか?」のような相手を気遣う表現です。

単語　사랑［saraŋ/サラン］恋　　빠지다［ʔpadʒida/パジダ］落ちる、溺れる　　하루［haru/ハル］一日　　종일［tʃoŋil/チョンイル］終日　　어렵다［ɔrjɔpʔta/オリョプタ］難しい

2 「～したい」という願望の表現

　動詞、存在詞の語幹に「～고　싶다」をつけると、「～したい」という願望の表現を作ります。つまり、用言の活用第1タイプです。願望の対象の「～が」にあたる助詞は「～이/～가」と「～을/를」のいずれでも使えます。
　「～고　싶다」の丁寧形「～고　싶습니다」の文末に「만」をつけ加えると「が、けれども」という婉曲な意味が加わります。

```
       動詞・存在詞の語幹　＋　고　싶다　～したい
```

커피가 마시고 싶어요．　コーヒーが飲みたいです。
한국 영화를 보고 싶어요．　韓国の映画が見たいです。
냉면이 먹고 싶어요．　冷麺が食べたいです。
제주도에 놀러 가고 싶어요．　済州道に遊びに行きたいです。
추워서 나가고 싶지 않습니다．　寒いから出かけたくありません。
공항에 가고 싶습니다만, 어떻게 가면 됩니까?

空港に行きたいのですが、どうやって行けばいいですか。
한국에서 살고 싶습니다만, 어떻게 하면 됩니까?
韓国に住みたいですが、どうすればいいですか。

単語 제주도［tʃedʒudo/チェジュド］済州道（韓国南端の島）　공항［koŋ(h)aŋ/コンハン］空港

■「〜고 싶습니다만」よりさらに柔らかい感じがする表現に、「〜고 싶은데요」があります。

공항에 가고 싶은데요, 어떻게 가면 됩니까?
空港に行きたいんですけれども、どうやって行けばいいですか。
한국에서 살고 싶은데요, 어떻게 하면 됩니까?
韓国に住みたいんですけれども、どうすればいいですか。

3 「ㅂ 変則」「ㅎ 変則」用言と後続母音「〜으」との変化

用言の活用第2タイプ活用形は、ほとんどが「〜으」母音から始まります。変則用言は後続母音によって必ず変化を起こしますので、「変則用言＋第2タイプ活用形」の場合は必ず変化を伴うと言ってもいいでしょう。ここでは変則用言のうち、「ㅂ 変則」「ㅎ 変則」と「〜으」から始まる活用形の中で連体形「〜은」との変化を学習します。

① 「ㅂ」変則用言の「ㅂ」パッチムは後続母音と必ず合体し、ワ行「w」音に変化を起こします。「ㅂ」の後に連体形「〜은」が続くと、「ㅂ＋으」は合体して우となり（第2タイプ活用形全部にあてはまる、以下同）、「ㄴ」がついて「운」に変わります。

가깝다（近い）→ 가깝＋은 데＞가까븐 데＞가까운 데（近い所）
덥다（暑い）→ 덥＋은 날씨＞더븐 날씨＞더운 날씨（暑い天気）

② 「ㅎ」変則用言のパッチム「ㅎ」は続く連体形「〜은」と合体すると、「ㅎ」と 으は共に落ちます（第2タイプ活用形全部にあてはまる以下同）。これは、

「ㅎ+으」は連音して語中の ㅎ になり、「ㅎ」音の弱化によりさらに ㅡ となり、ㅡ は「ㅎ」パッチムに先行する母音との母音衝突により、落ちやすい母音「ㅡ」が落ちたのだと考えられます。

　　빨갛다(赤い) → 빨갛＋은 대문 ＞ 빨간 대문(赤い大門)

　　어떻다(どうだ) → 어떻＋은 사람 ＞ 어떤 사람(どんな人)

4 「〜(읍)시다(〜しましょう)」

「〜しましょう」という勧誘の表現は、語幹に「〜(읍)시다」をつけます。用言の活用第2タイプです。

　　가까운 데부터 갑시다.　近い所から行きましょう。

　　자, 일합시다.　さあ、仕事しましょう。

　　자, 점심 먹읍시다.　さあ、昼食を食べましょう。

　　한일 교류 네트워크를 만듭시다.
　　　韓日交流ネットワークを作りましょう。

単語　자 [tʃa/チャ] じゃ、さあ　한일 [hanil/ハニル] 韓日　교류 [kjorju/キョリュ] 交流　네트워크 [netɯ(w)ɔkʰɯ/ネトゥウォク] ネットワーク

5 「〜(을)까요?(〜しましょうか)」

「〜しましょうか」という聞き手の意向を尋ねる表現です。これも活用タイプは4と同じく第2タイプです。

　　가까우니까 걸어갈까요?　近いから歩いて行きましょうか。

　　오늘 한 잔 할까요?　きょう一杯やりましょうか。

　　추우니까 창문을 닫을까요?　寒いから窓を閉めましょうか。

　　한일 교류 네트워크를 만들까요?
　　　韓日交流ネットワークを作りましょうか。

■ ただし、主語が第3人称の場合は、「～でしょうか」という推量の表現になります。

과연 그는 갈까요?　はたして、彼は行くでしょうか。

내일은 추울까요?　明日は寒いでしょうか。

単語　과연 [k(w)ajɔn/クヮヨヌ] はたして ▶「果然」という漢字語から

■「～(을)까요?」の 요 をとると、「～しようか」という言い方になります。また、「～(을)까」の後に 하다 を続けると、「～しようかと思う(する)」という表現を作ります。

커피 마시러 갈까?　コーヒー飲みに行こうか。

내년에 한국에 갈까 합니다.　来年韓国に行こうかと思っています。

오에 씨 책을 읽을까 합니다.　大江さんの本を読もうかと思います。

単語　내년 [nɛnjɔn/ネニョヌ] 来年　　오에 [oe/オエ] 大江(人名)
　　　읽다 [ikʔta/イクタ] 読む

6 「～しながら」の「～(으)면서」

用言の語幹に「～(으)면서」(第2タイプ)をつなげると、2つのことが同時に行われることを表し、「～ながら」と訳されます。

아버지는 커피를 마시면서 신문을 보고 있습니다.
　　父はコーヒーを飲みながら新聞を見ています。

미스터 김은 손님과 웃으면서 말하고 있습니다.
　　金さんはお客さんと笑いながら話しています。

여동생은 항상 음악을 들으면서 공부를 합니다.
　　妹はいつも音楽を聞きながら勉強をします。　＊解説 1の「ㄷ」変則参照

単語　미스터 [misɯtʰɔ/ミスト] Mr. ▶ よく年下の男性に使います。
　　　손님 [sonnim/ソンニム] お客さん　웃다 [utʔta/ウッタ] 笑う

■ 体言には、「～(이)면서」がつき、「～であり、」という意になります。母音語幹につくときは、「이」が落ちることが多いです。

　　저 사람은 유학생이면서 한국어 선생님입니다.
　　あの人は留学生であり、韓国語の先生です。
　　스즈키 씨는 의사면서 또한 교수입니다.
　　鈴木さんは医者であり、かつ教授です。

単語　유학생 [ju(h)akʔsɛŋ/ユハㇰセン] 留学生　또한 [to(h)an/トハヌ] かつ　교수 [kjosu/キョス] 教授

■ 「～(으)면서」に 도(も)をつなげると、「～ながらも、～なのに」という言い方になります。また、体言につくときは、「～(이)면서도」となります。

　　그녀는 뚱뚱하면서도 매력이 있습니다.
　　彼女は太っていながらも魅力があります。
　　그는 부자이면서도 구두쇠입니다.
　　彼は金持ちなのにけちです。
　　한국어는 쉬우면서도 어려워요.
　　韓国語は易しいながらも難しいです。

単語　뚱뚱하다 [ʔtuŋʔtuŋ(h)ada/トゥントゥンハダ] 太っている　매력 [mɛrjɔk/メリョㇰ] 魅力　구두쇠 [kudus(w)e/クドゥセ] けち　쉽다 [ʃipʔta/シㇷ゚タ] 易しい

연습문제

れんしゅう もんだい

1 「～아/어서」を用いて、次の2つの文を1つの文に直してください。

(1) 술을 많이 마셨어요. 그래서 머리가 아파요.
　　⇨ _____.

(2) 밤샘을 했어요. 그래서 피곤해요.
　　⇨ _____.

(3) 값이 너무 비쌌어요. 그래서 안 샀어요.
　　⇨ _____.

(4) 학교가 가까워요. 그래서 아주 편리해요.
　　⇨ _____.

(5) 냉면이 맛있었어요. 그래서 2그릇이나 시켰어요.
　　⇨ _____.

2 絵を見て、「～아/어서 그래요」表現で質問に答えてください。

(1) 왜 그래요?
　　_____.

(2) 왜 피곤해요?
　　_____.

(3) 왜 영어를 싫어합니까?

_____.

(4) 왜 그래요?

_____.

(5) 왜 그래요?

_____.

3 次の各文を韓国語に訳してください。

(1) コーヒーが飲みたいです。 ⇒ _____.

(2) 韓国の映画が見たいです。 ⇒ _____.

(3) 冷麺が食べたいです。 ⇒ _____.

(4) 寒いから出かけたくありません。
　　⇒ _____.

(5) 空港に行きたいですが、どうやって行けばいいですか。
　　⇒ _____?

4 例にならって、下線に適当な表現を入れてください。

> 예　A : 가까우니까 걸어갈까요?
> 　　B : 네, 걸어갑시다.

(1) A : 오늘 한 잔 _____? B : 네, _____.
(2) A : 추우니까 창문을 _____? B : 네, _____.
(3) A : 자, 일 _____? B : 네, _____.
(4) A : 자, 점심 _____? B : 네, _____.
(5) A : 가까운 데부터 _____? B : 네, _____.

5 「～(으)면서(도)」を用いて、次の2つの文を1つの文に直してください。

(1) 아버지는 커피를 마십니다. 신문을 보고 있습니다.

　　⇨ _____.

(2) 여동생은 항상 음악을 듣습니다. 공부를 합니다.

　　⇨ _____.

(3) 저 사람은 유학생입니다. 한국어 선생님입니다.

　　⇨ _____.

(4) 한국어는 쉽습니다. 어려워요.

　　⇨ _____.

(5) 그녀는 뚱뚱합니다. 매력이 있습니다.

　　⇨ _____.

20

열어 봐도 돼요?

開けてみてもいいですか

· 회 화 —かいわ ·

CD-18

초인종 : **딩동.**
ピンポン。

박소영 : **누구세요? 아, 모리 씨, 어서 오세요.**
どなたですか。あ、森さん、どうもいらっしゃい。

모 리 : **안녕하세요? 오래간만입니다.**
こんにちは。お久しぶりです。

박소영 : **네, 오래간만이에요.
들어오세요.**
はい、お久しぶりですね。
お上がりください。

모 리 : **실례하겠습니다.**
失礼します。

모 리 : **부모님께서는 어디
나가셨어요?**
ご両親はどこかにお出かけですか。

박소영 : **네, 잠깐 나가셨어요.**
はい、ちょっと出かけました。

모 리 : 이거 받으세요.
これ、どうぞ。

박소영 : 뭐예요? 열어 봐도 돼요?
何ですか。開けてみてもいいですか。

모 리 : 네, 열어 보세요.
ええ、開けてみてください。

박소영 : 일본 노래 테이프예요?
그렇지 않아도 이게 갖고 싶었어요.
日本の歌のテープですか。そうそう、これ、ほしかったんです。

단어　　　　　　　　　　　たんご

🔘 CD-19

초인종 [tɕʰoindʑoŋ/チョインジョン]　玄関チャイム

딩동 [tiŋdoŋ/ティンドン]　ピンポン

누구세요? [nugusejo/ヌグセヨ]　どなたですか

어서 [ɔsɔ/オソ]　はやく、どうぞ ▶ 何かの行動を促すとき

오세요 [osejo/オセヨ]　きてください ▶ いらっしゃいは 어서 오세요と言います。

오래간만 [orɛganman/オレガヌマヌ]　お久しぶり、しばらく ▶ 오래は「久しい」、간は漢字語の「間」、만は「ぶり」

들어오세요 [tɯrɔosejo/トゥロオセヨ]　お上がりください ▶ 基本形は 들어오다(入る)

~께서는 [ˀkesɔnɯn/ケソヌヌ]　~は ▶ 助詞~은/는 の敬語形

잠깐 [tɕamˀkan/チャムカヌ]　しばらく、ちょっと

받으세요 [padɯsejo/パドゥセヨ]　どうぞ(受け取ってください) ▶ 基本形は 받다

열어 봐도 [jɔrɔ b(w)ado/ヨロ バド]　開けてみても

열어 보세요 [jɔrɔ bosejo/ヨロ ボセヨ]　開けてみてください

노래 [norɛ/ノレ]　歌

그렇지 않아도 [kɯrɔtɕʰian(h)ado/クロチアナド]　そうそう、そうじゃなくても

이게 [ige/イゲ]　これが ▶ 이것이 の縮約形

갖고 싶다 [katˀko ɕipˀta/カッコ シプタ]　ほしい ▶ 갖다は「持つ」、直訳では「持ちたい、所有したい」

해설

かいせつ

1 丁寧な命令・禁止の表現

　尊敬の意を込めた丁寧な命令形(〜しなさい)は、動詞、存在詞の語幹に「〜(으)십시오(第2タイプ)」をつけて言います。「〜(으)십시오」の形式は「〜しなさい」にあたりますが、ニュアンスとしては「〜してください」に近い感じです。「〜시으십시오」形式の表現もありますが(次課で学ぶ)、「〜(으)십시오」を「〜してください」と訳してもかまいません。

　また、動詞、存在詞の語幹に「〜지 말다(第1タイプ)」をつけると、「〜するのをやめる」という意味になりますが、この「〜지 말다」に「〜(으)십시오」をつなげると、「〜지 말으십시오＞〜지 마르십시오＞〜지 마십시오(〜しないでください)」といった丁寧な禁止の表現を作ります。

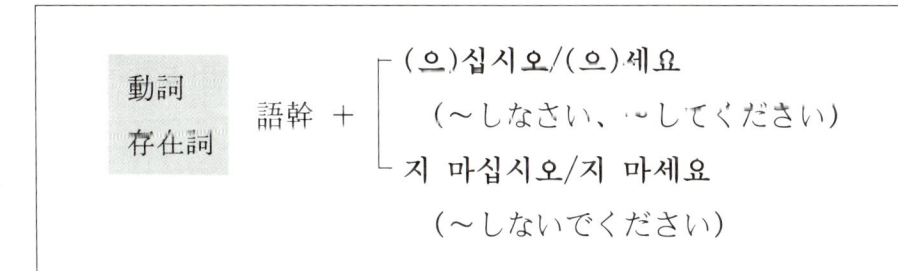

　「〜(으)십시오」「〜지 마십시오」の「요」丁寧形はそれぞれ「〜(으)세요」「〜지 마세요」となります。会話では丁寧形より「요」丁寧形の方が多く使われています。それは、命令、禁止の文をかしこまった言い方で話すよりはやや柔らかい言い方で話した方が穏やかに聞こえるといった心理的な要素が働いたものと考えられます。

```
動詞        ┌ (으)십시오/(으)세요
        語幹 +   (〜しなさい、〜してください)
存在詞      └ 지 마십시오/지 마세요
             (〜しないでください)
```

이쪽으로 오십시오.　　　　　　こちらに来てください。
이거 받으세요.　　　　　　　　これを受け取ってください。
돈 많이 버십시오.　*「ㄹ」語幹　お金をたくさん稼いでください。

잘 들으세요. *「ㄷ」変則　　　よく聞いてください。
담배 꽁초를 버리지 마십시오.　タバコの吸殻を捨てないでください。
저를 잊지 마세요.　　　　　　　私を忘れないでください。

[単語] 담배 [tambɛ/タンベ] タバコ　꽁초 [ˀkoŋtʃʰo] 吸殻　버리다 [pɔrida/ポリダ] 捨てる　잊다 [itˀta/イッタ] 忘れる

2 敬語

韓国語の敬語にも日本語と同様に丁寧語と尊敬語、謙譲語の3種があります。丁寧語には「〜ㅂ니다/습니다」形と「〜요」形があり、すでに学習済みです。尊敬語の中でも用言の尊敬形は第14課で学びました。ここでは、他の尊敬語と謙譲語を中心に学習します。

① 尊敬語には次のようなものがあります。

님 [nim/ニム] さん、様
분 [pun/プヌ] 方
진지 [tʃindʒi/チンジ] お食事、ご飯
말씀 [malˀsɯm/マルスム] お話
부친 [putʃʰin/プチヌ] お父様 ▶ 漢字語「父親」から
모친 [motʃʰin/モチヌ] お母様 ▶ 漢字語「母親」から
성함 [sɔŋ(h)am/ソンハム] お名前
병환 [pjɔŋ(h)(w)an/ピョンファヌ] ご病気
말씀하시다 [malˀsɯm(h)aʃida/マルスマシダ] おっしゃる
주무시다 [tʃumuʃida/チュムシダ] お休みになる
잡수시다 [tʃapˀsuʃida/チャプスシダ]・드시다 [tɯʃida/トゥシダ] 召し上がる「食べる・飲む」の尊敬語
계시다 [k(j)eʃida/ケシダ] いらっしゃる(ご在宅になる)
돌아가시다 [toragaʃida/トラガシダ] お亡くなりになる

第20課

なお、日本語には敬意を表す助詞はありませんが、韓国語の助詞には尊敬の意を表す助詞があります。

～께서 [ˀkesɔ/ケソ]（誰々）が、（誰々）から

～께서는 [ˀkesɔnɯn/ケソヌヌ]（誰々）は

～께서도 [ˀkesɔdo/ケソド]（誰々）も

～께 [ˀke/ケ]（誰々）に

선생님 先生(様)	사장님 社長(様)	부처님 仏(様)
남자 분 男の方	여자 분 女の方	친구 분 お友達

진지 드세요.	お食事を召し上がってください。
선생님께서 말씀이 있겠습니다.	先生からお話があります。
부친께서 돌아가셨습니까?	お父様がお亡くなりになりましたか。
부친께서는 안녕하십니까?	お父様はお元気ですか。
모친께서도 안녕하십니까?	お母様もお元気でいらっしゃいますか。
성함이 어떻게 되십니까?	お名前は何とおっしゃいますか。

어떻게 되십니까? の直訳は「どのようになられますか」

병환을 앓고 계십니다.	ご病気を患っていらっしゃいます。

할아버님께서 주무시고 계십니다.
　おじい様がお休みになっていらっしゃいます。

할머님께서 진지를 잡수시고 계십니다.
　おばあ様がお食事を召し上がっていらっしゃいます。

사장님께 전화 했습니다.	社長に電話しました。

[単語] 사장님 [sadʒaŋnim/サジャンニム] 社長　부처님 [putʃʰɔnim/プチョニム] 仏様　앓다 [altʰa/アルタ] 病む、患う

■ 他に用言の尊敬形（第14課 [解説] 1参照）にも「요」掌形がありますが、次のとおりです。

a	～(이)십니다 → ～(이)세요

b	～(으)십니다 → ～(으)세요

　　bの「요」丁寧形は、1の丁寧な命令形と形は同じですが、会話で混同するようなことは起きません。それは、「요」丁寧形が語尾のイントネーションの変化によってバラエティーに富んだ色々な表現を作り出すからです(第17課 解説 1－⑤参照)。

이분께서는 제 선생님이세요.	この方は私の先生です。
사장님께서는 전화하세요.	社長は電話していらっしゃいます。
아베 씨께서는 요즘 바쁘세요.	阿部さんはこのごろお忙しいです。
차가 있으세요?	自動車がお有りですか。

　　これらの尊敬語は目上の人や年上の人に使ってください。うっかりして日本語の丁寧語の使い方と間違えることがありますが、丁寧語ではなく尊敬語であることに気を付けてください。特に子供に対して使うと滑稽なことになります。なお、韓国語では話し手が聞き手に対して、自分の目上の人(両親あるいは上司など)について述べるときも、敬語を使います。また、聞き手が自分より目上であってもその人の子供の話ならばその子供に対しては敬語を使いません。この点日本語の敬語の使い方と異なります。

② 謙譲語

　　謙譲語には限られた数少ない語しかありません。次のような謙譲語がよく使われています。

저 [tʃɔ/チョ] 私

제 [tʃe/チェ] 私の、私(助詞「～가」の前で)

뵙다 [p(w)epˀta/ペプタ] お目にかかる

찾아뵙다 [tʃʰadʒab(w)epˀta/チャジャベプタ] お伺いする、参上する

드리다 [tɯrida/トゥリダ] 差し上げる

말씀드리다 [malʔsɯmdɯrida/マルスㇺドゥリダ] 申し上げる

저는 모리라고 합니다.　　　私は森と言います。
제가 말씀드리겠습니다.　　　私から申し上げます。
처음 뵙겠습니다.　　　　　　初めてお目にかかります。
회사로 찾아뵙겠습니다.　　　会社の方にお伺いいたします。
제가 안내해 드리겠습니다.　　私がご案内いたします。

単語　안내해 [annɛ(h)ɛ/アンネヘ] 案内して ▶ 안내해 드리다は、直訳では「案内してさしあげる」ですが、韓国語では日本語のようなニュアンスはありません。目上に対して尊敬の念を込めて言う普通の謙譲表現です。

3 「〜아/어 보다」(〜してみる)

動詞・存在詞の語幹に「〜아/어(第3タイプ)」をつけた形(〜して)の後に 보다(見る)を続けると「〜してみる」という言い方になります。

수미 씨를 한 번 만나 보겠습니다.　秀美さんに一度会ってみます。
그 책은 읽어 보았습니다.　　　　その本は読んでみました。
제가 그 일을 해 보겠습니다.　　　私がその仕事をやってみます。
한국에는 세 번 가 봤습니다.　　　韓国には三度行ってみました。

4 「〜아/어도」(〜しても)

用言の第3タイプに「も」にあたる助詞「도」をつけると、「〜しても、〜くても、〜でも」という言い方になります。

動詞			(〜しても)
存在詞	語幹 + 아/어 + 도		(〜しても・〜くても)
形容詞			(〜くても・〜でも)

なお、「〜てもいい」の「いい」にあたる言い方は、「좋다(いい)」よりは「되다(なる)」の方が一般的です。また「괜찮다」を使えば「かまわない」というニュアンスの言い方になります。

a. 전화 좀 써도 돼요?　　　　　電話使ってもいいですか。
　 네, 쓰세요.　　　　　　　　　はい、どうぞ。(使ってください)
b. 돈이 없어도 됩니까?　　　　　お金が無くてもいいですか。
　 안 됩니다.　　　　　　　　　だめです。
c. 방이 작아도 괜찮아요?　　　　部屋は小さくてもかまいませんか。
　 네, 괜찮아요.　　　　　　　　はい、かまいません。

[単語] 좀 [tʃom/チョム]「ちょっと、少し」▶相手に何か頼む時、口癖のように使われる語です。訳はしないでいいです。　쓰다 [ʔsɯda/スダ] 使う、書く、被る、苦い　안 되다 [and(w)eda/アンデダ] だめだ、できない ▶ 되다 の否定形で「ならない」が原義です。　작다「tʃakʔta/チャクタ」小さい

5 것 の話し言葉

話し言葉で것(こと、もの)はしばしば 거 という形で現れますが、この 것 に助詞「〜이(〜が)」「〜은(〜は)」がつくと、次のように縮約されます。

이것이 (これが) → 이게　　그것이　(それが) → 그게
저것이 (あれが) → 저게　　어느 것이 (どれが) → 어느 게
이것은 (これは) → 이건　　그것은　(それは) → 그건
저것은 (あれは) → 저건　　어느 것은 (どれは) → 어느 건

연습문제   れんしゅう もんだい

1 「~(으)세요」「~지 마세요」を使って、次の各文を韓国語に訳してください。

(1) こちらに来てください。⇨ _____.

(2) これを受け取ってください。⇨ _____.

(3) お金をたくさん稼いでください。
　⇨ _____.

(4) よく聞いてください。⇨ _____.

(5) タバコを捨てないでください。
　⇨ _____.

(6) 私を忘れないでください。⇨ _____.

2 例にならって、適当な尊敬語もしくは謙譲語を使い、次の各文を直してください。

> [예] 할머니가 사과를 먹고 있어요.
> ⇨ 할머님께서 사과를 드시고 계세요.

(1) 이름이 뭡니까? ⇨ _____?

(2) 선생이 말하고 있습니다.
　⇨ _____.

(3) 할아버지가 자고 있어요.
　⇨ _____.

(4) 이 사람은 내 선생이에요.
　⇨ _____.

(5) 사장이 전화해요.
    ⇨ _____.

(6) 아베 씨는 요즘 바빠요.
    ⇨ _____.

(7) 사장한테 말했습니다.
    ⇨ _____.

(8) 내가 안내하겠습니다.
    ⇨ _____.

3 例にならって、(　)の中の用言を適当な形に直してください。

> 예 그 책은 (읽다 ⇨ 읽어) 보았습니다.

(1) 수미 씨를 한 번 (만나다 ⇨ 　　　　) 보겠습니다.
(2) 제가 그 일을 (하다 ⇨ 　　　　) 보겠습니다.
(3) 한국에는 세 번 (가다 ⇨ 　　　　) 봤습니다.
(4) 전화 좀 (쓰다 ⇨ 　　　　) 도 돼요?
(5) 돈이 (없다 ⇨ 　　　　) 도 됩니까?
(6) 방이 (작다 ⇨ 　　　　) 도 괜찮아요?

4 (　)の中を適当な表現で埋めてください。

모　리 : 딩동.
박소영 : 누구 (①　　　　)? 아, 모리 씨, 어서 (②　　　　).
모　리 : 안녕하세요? 오래간만입니다.
박소영 : 네, (③　　　　) 이에요. 들어 (④　　　　).
모　리 : 실례 (⑤　　　　　　　).
모　리 : 부모님께서는 어디 나가셨어요?

박소영 : 네, 잠깐 (⑥   ).
모 리 : 이거 (⑦   ).
박소영 : 뭐예요? 열어 봐도 돼요?
모 리 : 네, (⑧   ).
박소영 : 일본 노래 테이프예요? 그렇지 않아도 이게 갖고 싶었어요.

21
가방을 잃어 버렸어요

カバンを置き忘れてしまいました

・회　화 - かいわ ・

CD-22

나카지마 : 가방을 잃어버렸어요. 전철에 두고 내렸어요.
カバンを置き忘れてしまいました。　電車に置いたまま降りてしまったんです。

역무원A : 어느 전철에 두고 내렸어요?
どの電車において降りてしまったんですか。

나카지마 : 지금 내린 청량리행 전철이에요.
좀 찾아 주세요.
いま降りた清涼里行き電車です。探してください。

역무원A : 어떤 가방입니까?
どんなカバンですか。

나카지마 : 가죽으로 된 까만 서류 가방이에요.
革製の黒い書類カバンです。

역무원A : 알겠습니다. 연락해 보겠습니다.
わかりました。連絡してみます。

第 21 課

역무원A : 손님, 연락해 두었으니까, 찾으러 청량리 역으로 가 보세요.
お客さん、連絡しておきましたので、探しに清涼里駅に行ってみてください。

＊

나카지마 : 여보세요. 전철에 두고 내린 가방을 찾으러 왔는데요.
すみません。電車に置き忘れたカバンを探しに来たんですけれども。

역무원B : 이거예요?
これですか。

나카지마 : 네, 그거예요.
はい、それです。

역무원B : 신분 증명서 있으면 보여 주세요. 확인을 해야 하니까요.
身分証明書があれば見せてください。確認をしなければなりまんので。

나카지마 : 여기 있습니다.
はい、どうぞ。

역무원B : 틀림없군요. 자, 가져 가세요.
間違いないですね。じゃ、持って帰っていいです。

단어

たんご

🎧 CD-23

잃어버리다 [il(h)ɔbɔrida/イロボリダ]	無くしてしまう ▶本来「無くしてしまう」の意ですが、ここでは文脈上「置き忘れてしまう」と訳します。基本形は잃다(無くす、亡くす)、〜아/어 버리다(〜してしまう)
전철 [tʃɔntʃʰɔl/チョンチョル]	電車 ▶漢字語「電鉄」から
두다 [tuda/トゥダ]	置く
내리다 [nɛrida/ネリダ]	降りる、降ろす
청량리 [청냥니 tʃʰɔŋnjaɲni/チョンニャンニ]	清涼里(地名)
행 [hɛŋ/ヘン]	行き ▶漢字語「行」から
찾아 주세요 [tʃʰadʒa dʒusejo/チャジャ ジュセヨ]	探してください ▶基本形は찾다(探す)、〜아/어 주세요(〜してください)
가죽 [kadʒuk/カジュク]	革
되다 [t(w)eda/トゥェダ]	なる、できる ▶「〜(으)로 되다」は「〜でできた」
서류 [sɔrju/ソリュ]	書類
해 두다 [hɛ duda/ヘ ドゥダ]	しておく ▶〜아/어 두다(〜しておく)
왔는데요 [완는데요 wannɯndejo/ワンヌンデヨ]	来たんですけれども
신분 [ʃinbun/シヌブヌ]	身分
증명서 [tʃɯŋmjɔŋsɔ/チュンミョンソ]	証明書
보여 주세요 [pojɔ dʒusejo/ポヨ ジュセヨ]	見せてください ▶基本形は보이다(見せる)

확인 [h(w)agin/ファギヌ]	確認
～해야 하니까요 [hɛja (h)aniʔkajo/ヘヤ ハニカヨ]	～しなければなりませんので
여기 있습니다 [jɔgi itʔsɯmnida/ヨギ イッスムニダ]	はい、どうぞ。直訳では「こちらにあります」
틀림 [tʰɯllim/トゥルリム]	間違い
가져 가세요 [kadʑɔ gasejo/カジョ ガセヨ]	持って帰っていいです。直訳では「持っていってください」、基本形は 가지다(持つ)

해설　　かいせつ

1 主な第3タイプ活用形

用言どうし(動詞＋動詞もしくは形容詞＋動詞)からなる表現の中には、用言の活用第3タイプで結合する形式がとても多いです。ここでは第3タイプからなる表現を中心に学習を進めます。

① 「動詞＋아/어 버리다」「動詞＋고 말다」

日本語の「～してしまう」にあたる表現には上記の2種類があります。「～아/어 버리다(第3タイプ)」には「全部～してしまう」というニュアンスがあり、「～고 말다(第1タイプ)」には「結局～してしまう」という「意に反したニュアンス(遺憾・後悔)」があります。本来 버리다は「捨てる」という意で、말다は「しない、やめる」というのが原義です。この2つの表現を合体し、強調して言う表現に、「～아/어 버리고 말다」があります。

　동생이 과자를 다 먹어 버렸어요.
　　弟がお菓子を全部食べてしまいました。
　영화가 너무 슬퍼서 울고 말았어요.

映画が悲しすぎて泣いてしまいました。
　　애인이 한국으로 가버리고 말았어요.
　　　恋人が韓国に行って(帰って)しまいました。
　　　가다 は「帰る」の意味でも使います。

[単語] 과자 [k(w)adʒa/クゥジャ] お菓子　슬프다 [sɯlpʰɯda/スルプダ] 悲しい　울다 [ulda/ウルダ] 泣く　애인 [ɛin/エイㇴ] 恋人
▶「愛人」という漢字語から

② 「動詞＋아/어 주다」

　　動詞の語幹に「주다(やる、くれる、第3タイプ)」をつなげると、「〜してやる」「〜してくれる」という表現になります。「주다」の代わりに「드리다(あげる、さしあげる)」でつなげれば、謙譲の意を持つ表現になります。これは「〜してあげる」と訳するよりは「〜いたす」と訳した方が適切な場合が多いです。また、日本語の「〜してあげる」という言い方には、他の人に対して利益、恩恵などを与えている感じがありますが、韓国語にはそういうニュアンスはほとんどありません。

　　옆집 아줌마가 항상 도와 줍니다.
　　　お隣のおばさんがいつも手伝ってくれます。
　　김 선생님께서 한국어를 가르쳐 주십니다.
　　　金先生が韓国語を教えてくださいます。
　　저는 매주 일요일 김 선생님께 일본 노래를 가르쳐 드립니다.
　　　私は毎週日曜日金先生に日本の歌を教えています。

■ 相手の意志を聞いたり自分の意志を述べたいときは、「〜겠」をつけて言います。
　　이것을 설명해 주시겠어요?　これを説明してくださいますか。
　→ 네, 설명해 드리겠어요.　はい、ご説明いたします。

■ この表現は 드리다 を 드릴까요?(あげましょうか)に置き換えると、「〜

いたしましょうか」という意味の表現になります。

　なお、주다 の丁寧な命令形「주십시오、주세요」と入れ換えると、「〜してください」という依頼の表現になります。なお、「주세요」表現につきものである「좀」は、「名詞＋해 주세요」の場合、名詞の前後のどちらにおいてもいいです。

　　제가 안내해 드릴까요?　　　　私がご案内いたしましょうか。
　→ 네, 좀 안내해 주세요.　　　　 はい、お願いします。
　　제가 도와 드릴까요?　　　　　私がお手伝いいたしましょうか。
　→ 네, 좀 도와 주세요.　　　　　 はい、お願いします。
　　호텔에 연락해 드릴까요?　　　ホテルにご連絡いたしましょうか。
　→ 네, 연락 좀 해주세요.　　　　 はい、お願いします。
　　한국어를 가르쳐 드릴까요?　　韓国語をお教えしましょうか。
　→ 네, 좀 가르쳐 주세요.　　　　 はい、お願いします。

【単語】 옆집 [jɔpʰtɕip/ヨプチプ] お隣。옆(隣、横)＋집(家)　　매주 [mɛdʒu/メジュ] 毎週　　가르치다 [karɯtɕʰida/カルチダ] 教える　　주시다 [tɕuɕida/チュシダ] くださる　　설명 [sɔlmjɔŋ/ソルミョン] 説明　　호텔 [hotel/ホテル] ホテル

③「動詞＋아/어 두다」「動詞＋아/어 놓다」

　両方とも用言の活用第3タイプで、日本語では「〜しておく」という表現にあたりますが、韓国語では微妙なニュアンスの違いがあります。その違いとは感覚的なものですが、두다 の原義「しまう、保存する」、놓다 の原義「手離す」によるものと考えられます。つまり、두다 の方は「〜して(しまって)おく」で、놓다 の方は「〜して(手離して)おく」といったニュアンスを持つのです。ちなみに、「置いておく」という表現は「놓아 두다」でしか言いません。

　　그 사람이 피아노를 고쳐 놓았습니다.
　　　彼がピアノを直しておきました。

내 말을 잘 들어 두세요.　わたしの話をよく聞いておいてください。
　　책상 위에 놓아 두겠습니다.　机の上に置いておきます。

　単語　피아노 [pʰiano/ピアノ] ピアノ　고치다 [kotʃʰida/コチダ]
　　　　なおす　책상 [tʰɛkʔsaŋ/チェクサン] 机、漢字語「冊床」から

④「動詞＋아/어야 하다(되다)」(～しなければならない)

　　動詞に「～아/어야 하다(第3タイプ)」をつなげると、「～しなければならない」に近い表現になります。「～しなければならない」と「～しないと～」の中間ぐらいの感じです。하다 を 되다 で言っても同じ意味になりますが、하다 の方は主観的な必然性を訴えている反面、되다 の方は客観的な必然性を訴えている感じがあります。

　　본인인지 확인을 해야 하니까요.
　　本人であるか、確認をしなければなりませんので。
　　아침 6시에는 일어나야 됩니다.
　　朝6時には起きなければなりません。

　単語　본인 [ponin/ポニヌ] 本人　～인지 [indʒi/インジ] ～なのか、～
　　　　であるか　일어나다 [irɔnada/イロナダ] 起きる

⑤「動詞＋아/어 가다」「動詞＋아/어 오다」

　　動詞の語幹に「～아/어 가다(第3タイプ)」もしくは「～아/어 오다(第3タイプ)」をつなげると、「～していく」とか「～してくる」という表現を作ります。

　　옥상에 올라가면 경치가 좋습니다.　屋上に上がれば眺めがいいです。
　　갑자기 바람이 불어 왔습니다.　突然風が吹いてきました。

　単語　옥상 [okʔsaŋ/オクサン] 屋上　올라가다 [ollagada/オルラガダ]
　　　　上がっていく　경치 [kjɔŋtʃʰi/キョンチ] 景色、眺め　갑자기
　　　　[kapʔtʃagi/カプチャギ] 突然、急に　바람 [param/パラム] 風
　　　　불다 [pulda/プルダ] 吹く

■ 日本語では場面によっては「いく」とか「くる」をつけたり、あるいはつけないででも言いますが、韓国語では「いく」、「くる」がかかわる場面には常につけて言う動詞があります。その際、注意する点は「いく」の方なのか「くる」の方なのかの判断を間違わないことです。

　　빨리 올라오세요.　　　　速く上がって(きて)ください。
　　빨리 올라가세요.　　　　速く上がって(いって)ください。
　　빨리 오르세요. (×)

　　올라가다 [ollagada/オルラガダ] 上がる(上がっていく)
　　올라오다 [ollaoda/オルラオダ] 上がる(上がってくる)
　　내려가다 [nɛrjɔgada/ネリョガダ] おりる(おりていく)
　　내려오다 [nɛrjɔoda/ネリョオダ] おりる(おりてくる)
　　나가다 [nagada/ナガダ] 出る、出かける(出ていく)
　　나오다 [naoda/ナオダ] 出る、出かける(出てくる)
　　들어가다 [tɯrɔgada/トゥロガダ] 入る(入っていく)
　　들어오다 [tɯrɔoda/トゥロオダ] 入る(入ってくる)
　　돌아가다 [toragada/トラガダ] 帰る(帰っていく)
　　돌아오다 [toraoda/トラオダ] 帰る(帰ってくる)
　　걸어가다 [kɔrɔgada/コロガダ] 歩く(歩いていく)
　　걸어오다 [kɔrɔoda/コロオダ] 歩く(歩いてくる)

2 動詞の過去連体形「～(은)」

　動詞の語幹に「～(은)(第2タイプ)」をつけると、過去連体形になります。形容詞ではこれと同じ形式で現在連体形を作りましたが、形容詞と時制を間違えないように気をつけましょう。

　なお、第18課でもふれましたように、日本語では現在形「～している(結果の状態を表す)」で言うのを韓国語では過去形のみで言う動詞がありました。これは連体形においても同様です(第18課 解説 2－④参照)

지금 내린 전철이에요.　　　いま降りた電車です。
가죽으로 된 가방이에요.　　　革製のカバンです。
지난 번 불고기 먹은 집이 어디예요?
　　この間焼肉食べた店はどこですか。
한국에는 결혼한 스님은 거의 없어요.
　　韓国には結婚しているお坊さんはほとんどいません。
전에 한국에서 산 적이 있어요. 前韓国で暮したことがあります。

単語　지난 번 [tʃinan bɔn/チナン ボヌ] この間　스님 [sɯnim/スニム] お坊さん　거의 [kɔ(ɯ)i/コイ] ほとんど　전 [tʃɔn/チョヌ] 前　적 [tʃɔk/チョク] こと(過去経験の)

3 婉曲形

韓国語にも日本語の「～ですが」もしくは「～ですけれども」にあたる婉曲な言い方があります。それは、いままでは部分的にしか学習してこなかったもので、「아닌데요(違いますが)」「～고 싶은데요(～したいんですけれども)」の語尾「～데요」がそれです。　作り方は用言の現在連体形(指定詞は「～인」、形容詞は「～(은)」、動詞・存在詞は「～는」)に「～데요」をつけて婉曲形を作ります。しかし、「～았/었(過去形接辞)」と「～겠(意志・推量・婉曲)」など「ㅆ」パッチムを持つものには、等しく「～는데요」がつきます。

a. 저 나카지마인데요.　　　私、中島ですけれども。
　 이건 제 가방이 아닌데요.　これは私のカバンではありませんが。
b. 이건 좀 비싼데요.　　　これはちょっと高いんですけれども。
　 밥이 좀 많은데요.　　　ご飯が少し多いんですけれども。
　 부산까지는 좀 먼데요.　釜山まではちょっと遠いんですけれども。
　 오늘은 날씨가 추운데요.　きょうは天気が寒いんですけれども。
　 색깔이 너무 빨간데요.　色が赤すぎるんですけれども。
c. 손님하고 말씀하시는데요.　お客様とお話しているんですけれども。

　　　　지금 사진 찍는데요.　　　いま写真撮っているんですけれども。
　　　　그 얘기는 저도 아는데요.　その話は私も知っているんですけれども。
　　　　나는 술을 하지 않는데요.　わたしは酒をやらないんですけれども。
　d.　이 기사는 문제가 있는데요.　この記事は問題があるんですけれども。
　　　　지금 2만원밖에 없는데요.　いま2万ウォンしかないんですけれども。
　e.　가방 찾으러 왔는데요.　　　カバンを探しに来たんですけれども。
　　　　부자라면 좋겠는데요.　　　金持ちならいいんですけれども。

[単語]　색깔 [sɛkʔkal/セッカル] 色　　찍다 [ʔtʃikʔta/チクタ] 撮る
　　　　기사 [kisa/キサ] 記事

연습문제

れんしゅう もんだい

1 例にならって、次の質問に答えてください。

> 예 김 선생님에게 전화해 주시겠어요?
> ⇨ <u>네, 전화해 드리겠어요.</u>
> 김 선생님에게 전화해 드릴까요?
> ⇨ <u>네, 전화 좀 해 주세요.</u>

(1) 설명해 주시겠어요? ⇨ 네, _____.
(2) 안내해 주시겠어요? ⇨ 네, _____.
(3) 도와 주시겠어요? ⇨ 네, _____.
(4) 호텔에 연락해 주시겠습니까?
　　⇨ 네, _____.
(5) 한국어를 가르쳐 주시겠습니까?
　　⇨ 네, _____.
(6) 설명해 드릴까요? ⇨ 네, _____.
(7) 제가 안내해 드릴까요? ⇨ 네, _____.
(8) 제가 도와 드릴까요? ⇨ 네, _____.
(9) 호텔에 연락해 드릴까요? ⇨ 네, _____.
(10) 한국어를 가르쳐 드릴까요? ⇨ 네, _____.

2 例にならって、次を変えてください。

> 예 확인을 하다 ⇨ <u>확인을 해야 합니다.</u>

(1) 일어나다 ⇨ _____.

(2) 찾다 ⇨ _____.

(3) 전화하다 ⇨ _____.

(4) 듣다 ⇨ _____.

(5) 만나다 ⇨ _____.

3 (　　)の中の用言を適当な連体形に変えてください。

(1) 지금 (내리다 ⇨　　　　　) 전철이에요.

(2) 가죽으로 (되다 ⇨　　　　　) 가방이에요.

(3) 지난 번 불고기 (먹다 ⇨　　　　　) 집이 어디예요?

(4) 한국에는 (결혼하다 ⇨　　　　　) 스님은 거의 없어요.

(5) 전에 한국에서 (살다 ⇨　　　　　) 적이 있어요.

4 例にならって、次の各文を婉曲な言い方に変えてください。

> 예 이건 좀 비쌉니다. ⇨ 이건 좀 비싼데요.

(1) 손님하고 말씀하십니다. ⇨ _____.

(2) 저 나카시마입니다. ⇨ _____.

(3) 밥이 좀 많습니다. ⇨ _____.

(4) 지금 2만원밖에 없습니다. ⇨ _____.

(5) 가방 찾으러 왔습니다 ⇨ _____.

(6) 나는 술을 하지 않습니다. ⇨ _____.

(7) 그 얘기는 저도 압니다. ⇨ _____.

(8) 오늘은 날씨가 춥습니다. ⇨ _____.

(9) 부자라면 좋겠습니다. ⇨ _____.

(10) 부산까지는 좀 멉니다. ⇨ _____.

22

날씨가 추운 것 같아요.

寒いようです

・회 화-かいわ・

CD-29

송인권 : **날씨가 추운 것 같아요.**
寒いようです。

모 리 : **네, 많이 추워졌어요.**
ええ、だいぶ寒くなりました。

송인권 : **한국의 겨울은 처음 이죠?**
韓国の冬は初めてでしょう？

모 리 : **네, 처음이에요.
서울의 겨울 날씨는 상당히 춥지요?**
はい、初めてです。ソウルの冬はかなり寒いでしょう？

송인권 : **네, 추울 때는 영하 10도를 넘어요.**
ええ、寒いときは零下10度を下回るんです。

모 리 : **아! 어떡하죠? 저는 추위에 약해요.**
あ！どうしよう？私は寒さに弱いんです。

송인권 : 그러면, 고려인삼을 드세요. 몸이 따뜻해질 테니까요.
そうしたら、高麗人参を食べてください。体があたたまりますから。

모 리 : 정말이에요?
本当ですか。

송인권 : 정말인 것 같아요. 효과 본 사람이 많아요.
本当のようです。効果のあった人が多いんですよ。

모 리 : 그럼, 저도 먹어야겠는데요.
それじゃ、私も食べないと。

단어　　　　　　　　　たんご

🎧 CD-30

추운 것 같아요 [tʃʰuun gɔt katʰajo/チュウンゴカタヨ]	寒いようです ▶ ～은 것 같아요は「～ようです」
추워졌어요 [tʃʰu(w)ɔdʒɔtʔsɔjo/チュオジョッソヨ]	寒くなりました
～이죠? [idʒo/イジョ]	～ですね? ▶「～でしょう」という聞き手の同意を求める疑問形。죠は지요の縮約形
상당히 [saŋdaŋ(h)i/サンダンヒ]	相当に、かなり ▶ 漢字語「相当」から
춥지요? [tʃʰupʔtɕijo/チュプチヨ]	寒いでしょう?
추울 때 [tʃʰuulʔtɛ/チュウルテ]	寒いとき
영하 [jɔŋ(h)a/ヨンハ]	零下
도 [to/ト]	度
넘다 [nɔmʔta/ノムタ]	下回る、上回る、越える
어떡하죠? [ɔʔtɔkʰadʒo/オトカジョ]	どうしよう?、どうしましょう?
추위 [tʃʰu(w)i/チュイ]	寒さ
약하다 [jakʰada/ヤカダ]	弱い ▶ 약は漢字語「弱」から
그러면 [kɯrɔmjɔn/クロミョヌ]	そうしたら、そうすると、それじゃ
고려 인삼 [korjɔ insam/コリョ インサム]	高麗人参
따뜻해질 테니까요 [따뜨태～ taʔtɯtʰɛdʒil tʰeniʔkajo/タトゥテジル テニカヨ]	あたたかくなりますから
정말 [tʃɔŋmal/チョンマル]	本当 ▶ 정は漢字語「正」から、말は「言葉」

인 것 같아요 [in gɔt katʰajo/インゴ カタヨ]	～のようです
효과 [hjoʔk(w)a/ヒョッカ]	効果
보다 [poda/ポダ]	～の経験をする、見る
먹어야겠는데요 [mɔgɔjagennɯndejo/モゴヤゲンヌンデヨ]	食べないと▶먹어야 되겠다、먹어야 하겠다の되、하が落ちた語。

해설   かいせつ

1 推量の表現

用言の連体形に「～것 같다」をつなげると、「～ようだ」「～しそうだ」という推量の表現を作ります。것は거に縮約されます。なお、話し言葉では 같아요が 같애요と発音されることが多いです。

  a. 송인권 씨는 사장님인 것 같습니다.　宋仁権さんは社長のようです。
     송인권 씨는 사장님이 아닌 것 같아요.
     宋仁権さんは社長ではないようです。
  b. 월요일은 바쁜 거 같아요.　月曜日は忙しいようです。
     이 옷은 작은 것 같습니다.　この服は小さいようです。
     부산까지는 먼 거 같은데요.　釜山までは遠いようですが。
     한국어는 어려운 것 같아요.　韓国語は難しいようです。
     오늘밤 달은 유달리 커다란 거 같아요.
     今夜の月は一際大きいようです。
  c. 다나카 씨는 일본에 간 거 같은데요.
     田中さんは日本へ行ったようです。
     기온이 영하 10도를 넘은 것 같아요.

気温が零下10度を越えたようです。
　　한국어 실력이 는 거 같습니다. 韓国語の実力が伸びたようです。
　　그 얘기는 들은 것 같은데요. その話は聞いたようですが。
d. 다나카 씨는 한국에 가는 것 같아요.
　　　田中さんは韓国へ行くようです。
　　한국 노래 책을 찾는 거 같아요.
　　　韓国の歌の本を探しているようです。
　　한국에서 사는 것 같습니다. 韓国に住んでいるようです。
　　모리 씨는 회사에 없는 거 같아요.
　　　森さんは会社にいないようです。
　　모리 씨는 집에 있는 것 같아요. 森さんは家にいるようです。

単語 월요일 [wɔrjoil/ウォリョイル] 月曜日　옷 [ot/オッ] 服　밤 [pam/パム] 夜　달 [tal/タル] 月　유달리 [judalli/ユダルリ] 一際　커다랗다 [kʰɔdaratʰa/コダラタ] 大きい、「ㅎ」変則　기온 [kion/キオㇴ] 気温　늘다 [nɯlda/ヌルダ] 伸びる

2 「形容詞＋아/어지다」(～くなる、～になる)

　形容詞の語幹に「～아/어지다(第3タイプ)」をつなげると、「～くなる、～になる」という動詞を作ります。
　발음이 좋아졌어요. 発音がよくなりました。
　젊은 사람들하고 있으니까 젊어지는 거 같아요.
　　若い人々といるから若くなるようです。
1년 전보다 물가가 비싸졌어요. 1年前より物価が高くなりました。
　몸이 따뜻해지고 있어요. 体があたたかくなっています。
　날씨가 추워졌어요. 寒くなりました。
　한국어가 쉬워진 거 같아요. 韓国語が易しくなったようです。

3 「～죠 (지요の縮約形)」

「～죠 (지요)」は用言の語幹について (第1タイプ)、叙述文の場合は、話し手の判断を柔らかく聞き手に伝える意味を持ち、日本語の「～ですよ」「～ですね」にあたります。 しかし、疑問文 (疑問詞を含まない) の場合は、話し手の判断について聞き手の同意を求める意味を表し、「～ですね?」「～でしょう?」という訳にという訳になります。 疑問詞を含む場合は、もの柔らかにものごとを尋ねかける感じになります。

한국의 겨울은 처음이죠?　韓国の冬は初めてでしょう?
→ 네, 처음이죠.　ええ、初めてですね。
서울의 겨울 날씨는 상당히 춥지요?
　　ソウルの冬はかなり寒いでしょう?
→ 네, 상당히 춥지요.　ええ、かなり寒いですよ。
한국 사람들은 친절하죠?　韓国人は親切でしょう?
→ 네, 친절해요.　はい、親切です。
모리 씨 결혼식은 언제이지요?　森さんの結婚式はいつでしょう。
→ 다음 달 10일이에요.　来月10日ですよ。

単語 친절 [tʃʰindʒɔl/チンジョル] 親切　결혼식 [kjɔl(h)onʃik/キョロンシク] 結婚式　다음 날 [taɯm ʔlal/タウムタル] 来月 ▶ 다음は「次」、달は「月」

4 「～(을) 때」(～するとき)

本来「～(을)」連体形は、「未知、未経験、未実現」などを表すため、普通未来連体形と呼ばれるものです。 この「～(을)」を 때(時)につけた、「～(을) 때 (第2タイプ活用)」は「～するとき」、過去形接辞のついた「～았/었을 때(第3タイプ活用)」は「～したとき」という表現になります。

내가 유학생이었을 때는 일본 사람들에게 신세 많이 졌습니다.
ぼくが留学生だった頃は日本人にたいへんお世話になりました。

쌀 때 사는 게 좋지요. 安いとき買った方がいいですよ.

추울 때는 영하 10도를 넘어요. 寒いときは零下10度を下回るんです.

돈이 없었을 때는 고생이 많았어요.
　お金がなかった頃は苦労が多かったんです.

공부할 때 말 걸지 마세요.
　勉強しているとき、話しかけないでください.

보너스 받았을 때가 가장 행복해요.
　ボーナスをもらったときが一番幸せです.

単語 신세 [ʃinse/シンセ] お世話　지다 [tʃida/チダ] なる　게 [ke/ケ] 方が ▶ 것이(ことが)の縮約　고생 [kosɛŋ/コセン] 苦労　걸다 [kɔlda/コルダ] かける　보너스 [ponɔs/ポノス] ボーナス

5 「〜(을) 테니까」

　第17課では理由を表す表現「〜(으)니까(〜から、〜ので)」を学びましたが、これから行う意志もしくは推測の「〜するから」「〜するはずだから、〜するだろうから」にあたる表現は、未来連体形「〜(을)」のついた「〜(을) 테니까(第2タイプ)」で言います。테は、터(「はず」にあたる形式名詞)＋이(指定詞語幹)が縮約された形です。なお、「〜(을) 테니까」は、겠(意思・推量)を用いて言う「〜겠으니까(第1タイプ)」のくだけた言い方です.

　また、過去の「〜したから」は、用言の過去形接辞を으니까につけた「〜았/었으니까(第3タイプ)」で言います.

과장님은 곧 올 테니까 조금만 더 기다립시다.
　課長はすぐ来るはずだからもう少し待ちましょう.

10분 후에 그쪽으로 갈 테니까 거기서 기다려 주세요.
　10分後そちらに行くからそこで待ってください.

오늘은 집에 있을 테니까요, 전화 주세요.
　きょうは家にいますから、お電話ください.

운전은 내가 할 테니까요, 좀 쉬세요.
　運転はぼくがしますから、少し休んでください。
오후에는 비가 오겠으니까요, 우산이 필요하겠습니다.
　午後は雨が降るでしょうから、(雨)傘が要るでしょう。
30분 전에 그쪽으로 갔으니까요, 조금만 더 기다려 봐 주세요.
　30分前にそちらに行きましたので、もう少し待ってみてください。

単語　곧[kot/コッ] すぐ　쉬다[ʃisa/スィダ] 休む　만[man/マヌ] だけ、ばかり　후[hu/フ] 後　오후[o(h)u/オフ] 午後　우산[usan/ウサヌ] 雨傘　필요[pʰirjo/ピリョ] 必要

연습문제 れんしゅう もんだい

1 例にならって、次の各文を変えてください。

> 예 다나카 씨는 한국에 가요.
> ⇨ 다나카 씨는 한국에 가는 것 같아요.

(1) 다나카 씨는 한국 사람이에요.

　⇨ _____.

(2) 월요일은 바빠요.

　⇨ _____.

(3) 한국어는 어려워요.

　⇨ _____.

(4) 다나카 씨는 일본에 갔어요.

　⇨ _____.

(5) 한국어 실력이 늘었어요.

　⇨ _____.

(6) 그 얘기는 들었어요.

　⇨ _____.

(7) 한국에서 살아요.

　⇨ _____.

(8) 모리 씨는 집에 없어요.

　⇨ _____.

第22課

2 例にならって、次の各文を変えてください。

> 예 발음이 좋아요. ⇒ 발음이 좋아졌어요.

(1) 한국어가 쉬워요. ⇒ _____.
(2) 1년 전보다 물가가 비싸요. ⇒ _____.
(3) 몸이 따뜻해요. ⇒ _____.
(4) 날씨가 추워요. ⇒ _____.
(5) 젊은 사람들하고 있으니까 젊어요.
　　⇒ _____.

3 (　)の中の用言を最も適当な連体形に直してください。

(1) 유학생 (이다 ⇒ 　　　) 때는 일본 사람들에게 신세 많이 졌습니다.
(2) (싸다 ⇒ 　　　) 때 사는 게 좋지요.
(3) (춥다 ⇒ 　　　) 때는 영하 10도를 넘어요.
(4) 돈이 (없다 ⇒ 　　　) 때는 고생이 많았어요.
(5) (공부하다 ⇒ 　　　) 때 말 걸지 마세요.
(6) 보너스 (받다 ⇒ 　　　) 때가 가장 행복해요.

4 「～니까」を用いて、最も適当な形に変えてください。

(1) 한국에서 (살다 ⇒ 　　　) 말을 빨리 배워요.
(2) 내일은 일요일 (이다 ⇒ 　　　) 집에서 쉬세요.
(3) 10분 후에 그쪽으로 (가다 ⇒ 　　　) 거기서 기다려 주세요.
(4) 30분 전에 그쪽으로 (가다 ⇒ 　　　) 조금만 더 기다려 봐 주세요.

(5) 운전은 내가 (하다 ⇨   ) 좀 쉬세요.
(6) 머리가 (까맣다 ⇨   ) 젊게 보여요.

23
언제 출발할 생각입니까?

いつ出発するつもりですか

・회 화 －かいわ・

CD-35

다카하시: 출발 준비됐어요?
出発の用意はできましたか。

왕부항: 네, 다 되어 갑니다. 지금 옷 갈아입는 중입니다.
ええ、ほとんどできています。いま着替えているところです。

다카하시: 언제 출발할 생각입니까?
いつ出発するつもりですか。

왕부항: 곧 출발할 거예요. 김 선생님은요?
間もなく出発します。金先生は？

다카하시: 김 선생님은 먼저 간 거 같아요.
金先生は先に行ったようです。

왕부항: 아까 내가 들렀을 때는 계셨었는데요.
さっき、ぼくが寄ったときはいらっしゃったんですが。

다카하시: **내가 여기 올 때 들렀는데요, 그 땐 안 계셨어요.**
ぼくがこちらに来るときに寄ったんですが、そのときはいらっしゃいませんでしたよ。

왕부항: **그래요?**
そうですか。

다카하시: **서둘러 주세요.**
急いでください。

왕부항: **네. 미안하지만, 프런트에 전화해서 택시 좀 불러 줄래요?**
はい。すみませんが、フロントに電話してタクシーを呼んでくれますか。

다카하시: **그러지요.**
いいですよ。

단어

たんご

🔘 CD-36

출발 [tʃʰulbal/チュルバル]	出発
다 되어 갑니다 [ta d(w)ɛɔ gamnida/タ ドゥエオ ガムニダ]	ほとんどできています、そろそろです ▶ 直訳は「全てできて(なって)いきます」
갈아입는~ [가라임는 karaimnɯn/カライムヌヌ]	着替えている~(連体形)
~중입니다 [tʃuɲimnida/チュンイムニダ]	~ところです、~最中です
출발할 생각 [출바랄 쌩각 tʃulbal(h)al ʔsɛŋgak/チュルバラル センガク]	出発するつもり ▶ 連体形「~을」の後の平音は濃音で発音されます(以下同)。
출발할 거에요 [~꺼에요 tʃulbal(h)al ʔkɔ(j)ejo/チュルバラル コエヨ]	出発します
먼저 [mɔndʒɔ/モンジョ]	先に
아까 [aʔka/アッカ]	さっき
들르다 [tɯllɯda/トゥルルダ]	寄る ▶ 들리다の方が正しい語ですが死語になりつつあり、現在はほとんど들리다で言います。
계셨었는데요 [게셔썬는데요 k(j)eʃɔt ʔsɔnnɯndejo/ケショッソンヌンデヨ]	いらっしゃったんですが ▶ 尊敬の過去形 셨 の後の 었 は過去完了を表します。
그 땐 [kɯ ʔtɛn/クッテン]	そのときは ▶ 그 때는の縮約形
서두르다 [sɔdurɯda/ソドゥルダ]	急ぐ ▶「르」変則(後出)
프런트 [pɯrɔnt/プロントゥ]	フロント

불러 줄래요? [pullɔ dʒullɛjo/プルロジュルレヨ]	呼んでくれますか ▶基本形は 부르다(「르」変則)
그러지요 [kɯrɔdʒijo/クロジヨ]	「いいですよ」「わかりました」 ▶相手の依頼を引き受ける言い方。그렇게 하지요の縮約形で、直訳は「そうします」

해설　　　　　　　かいせつ

1 「갈아＋動詞」(～し・かえる)

　乗り換える、着替えるなどの「動詞(連用形)＋かえる」を韓国語では、「갈아(取り替え)＋動詞」と逆順で言います。

　갈아입다 [karaipʔta/カライㇷ゚タ] 着替える
　갈아타다 [karatʰada/カラタダ] 乗り換える
　갈아넣다 [karanɔtʰa/カラノタ] 入れ換える
　갈아펴다 [karapʰjɔda/カラピョダ] 敷き替える
　갈아주다 [karadʒuda/カラジュダ] 取り替えてやる
　갈아신다 [karaʃinʔta/カラシンタ] 履き替える
　갈아끼우다 [karaʔkiuda/カラキウダ] 取り替える
　갈아붙이다 [karabutʃʰida/カラブチダ] 張り替える

2 「～는 중이다」(～するところだ)

　動詞・存在詞の現在連体形「～는」を중(最中)につなげると「～するところだ、～する最中だ」という言い方になり、また、데(所)、방법(方法)もしくは법(法)につなげれば、それぞれ「～する所」「～しかた、～する方法」という言い方になります。

a. 지금 공부하는 중입니다.　いま勉強している最中です。

　　지금 전화하는 중입니다.　いま電話している最中です。

　　친구가 왔을 때는 식사하는 중이었어요.

　　　友達が来たときは食事をしているところでした。

b. 버스 타는 데가 어디예요?　バス乗り場はどこですか。

　　표 파는 데는 저기입니다.　切符売り場はあそこです。

c. 김치 만드는 방법을 가르쳐 주세요.

　　　キムチの作り方を教えてください。

　　신청서 쓰는 법을 모르겠어요.　申し込み書の書き方がわかりません。

[単語] 중 [tʃuŋ/チュン] 最中 ▶漢字語「中」から　표 [pʰjo/ピョ] 切符 ▶漢字語「票」から　팔다 [pʰalda/パルダ] 売る　방법 [paŋbɔp/パンボプ] 仕方 ▶漢字語「方法」から　신청서 [ʃintʃʰɔŋsɔ/シンチョンソ] 申し込み書 ▶漢字語「申請書」から　법 [pɔp/ポプ] しかた ▶漢字語「法」から　모르다 [morɯda/モルダ] わからない、知らない

3 「～(을) 생각이다」(～するつもりだ)

　動詞・存在詞の未来連体形 「～(을)」생각(思い、考え)もしくは 예정(予定)をつけると、それぞれ「～するつもり」「～する予定」という言い方になります。

a. 한국 사람과 결혼할 생각입니다.　韓国人と結婚するつもりです。

　　저도 그렇게 할 생각이에요.　私もそうするつもりです。

　　분하지만 참을 생각이에요.　悔しいけど我慢するつもりです。

b. 4일간 한국에 있을 예정이에요.　4日間韓国にいる予定です。

　　한국에 어학 연수하러 갈 예정입니다.

　　　韓国に語学研修に行く予定です。

　　가격을 낮출 예정입니다.　価格を下げる予定です。

[単語] 생각 [sɛŋgak/センガク] 思い、考え　분하다 [pun(h)ada/プナダ] 悔

しい▶분は漢字語「憤」から　참다 [tʃʰamʔta/チャムタ] 我慢する　간 [kan/カヌ] 間　예정 [jedʒɔŋ/イェジョン] 予定　어학 연수 [어항 년수 ɔ(h)aŋ njɔnsu/オハンニョンス] 語学研修、「ㄴ」音挿入　가격 [kagjɔk/カギョク] 価格　낮추다 [nattʃʰuda/ナッチュダ] 下げる

4 「〜(을) 것이다」(〜する、〜だろう)

「〜(을) 것」は意志・推量を表す「〜겠」と同じ機能を持ちます。主語が第1人称や第2人称の疑問文の場合は、話し手と聞き手の意志を表します。ところが、主語が第3人称や第2人称の叙述文の場合は「〜だろう」「〜すると思う」という意の推量の表現になります。なお、形容詞文の場合も推量を表します。会話では「〜겠」より「〜(을) 것」の方がよく使われます。また、것は거に縮約されます。

　오늘은 호텔에 묵을 겁니다.(겁니다는 거＋입니다 の縮約)
　　きょうはホテルに泊まります。
　모리 씨한테 전화할 거예요?　森さんに電話しますか。
　노력하면 반드시 성공할 겁니다.　努力すれば必ず成功するでしょう。
　그 영화는 틀림없이 재미있을 것입니다.
　　その映画は間違いなくおもしろいでしょう。
　일본과 한국은 문화가 비슷할 거예요.
　　日本と韓国は文化が似ていると思います。

単語　묵다 [mukʔta/ムクタ] 泊まる　노력 [norjɔk/ノリョク] 努力　성공 [sɔŋgoŋ/ソンゴン] 成功　재미있다 [tʃɛmiitʔta/チェミイッタ] おもしろい　문화 [mun(h)(w)a/ムナ] 文化　비슷하다 [비스타다 pisɯtʰada/ピスタダ] 似ている

5 過去完了

「〜았/었」の後にさらに過去形接辞 었 をつけると過去完了を表します。

過去形は完了した状態が現在に残っていることを表す場合もありますが、過去完了は現在とは関係なく過去にすんでしまった動作・状態を表します。
a. 수미는 학교에 갔어요.
　　秀美は学校へ行きました。(現在秀美は学校にいる)
　수미는 학교에 갔었어요.
　　秀美は(そのとき)学校へ行きました。(現在秀美が学校にいるかいないかとは関係ない)
b. 수미는 학교에 왔어요.
　　秀美は学校に来ました。(現在秀美は学校にいる)
　수미는 학교에 왔었어요.
　　秀美は(そのとき)学校に来ました。(現在秀美が学校にいるかいないかとは関係ない)

6 「르 変則」

語幹末音節「르」の後に「아/어」母音が続くと、르 の「ㅡ」母音が落ち、「ㄹ」と「아/어」が合体して「ㄹ＋아 → ㄹ＋라」「ㄹ＋어 → ㄹ＋러」と ㄹ が追加されることがあります。これを「르 変則」と言います。

빠르다(速い) → 빠르＋아요 ＞ 빨라요(速いです)
모르다(わからない) → 모르＋았어요 ＞ 몰랐어요(わからなかったです)

제주도까지 비행기로 가면 빨라요.
　　済州道まで飛行機で行ったら速いです。
일본과 한국의 문화는 비슷하면서도 달라요.
　　日本と韓国の文化は似ていながらも違います。
일본에 있을 때는 한국을 잘 몰랐어요.
　　日本にいたときは韓国をよく知りませんでした。
시간이 없으니까 서둘러 주세요.
　　時間がないので急いでください。

그 때는 한국어가 서툴러서 고생이 많았어요.
　　そのときは韓国語が下手でたいへんでした。

単語　빠르다 [ʔparɯda/パルダ] 速い　　다르다 [tarɯda/タルダ] 違う
　　　서투르다 [sɔtʰurɯda/ソトゥルダ] 下手だ

7 「～(을) 래요」

　上記の4の「～(을) 거예요」とほぼ同じ意味ですが、「～(을) 거예요」よりさらにくだけた言い方になります。ややなれなれしい感じもする表現ですので、目上には尊敬の「(으)시」を入れて言った方が失礼になりません。なお、この表現は、聞き手の意志を聞く疑問文と話し手の意志を述べる叙述文としてしか使いません。

a. 사사키 씨, 내일 뭐 할래요?　佐々木さん、明日は何しますか。
　 교보문고에 갈래요.　キョボ文庫に行きます。
b. 점심 뭐 먹을래요?　昼食は何食べますか。
　 짬뽕 먹을래요.　ちゃんぽんを食べます。
c. 선생님, 저녁은 뭐로 하실래요?　先生、夕食は何にしますか。
　 일식으로 하지요. 日本食にします。

単語　교보문고 [kjobomungo/キョボムンゴ] キョボ文庫(書店名)　짬뽕
　　　[ʔtʃamʔpoŋ/チャムポン] ちゃんぽん　일식 [ilʔʃik/イルシク] 日本食
　　　▶漢字語「日食」から

연습문제

れんしゅう もんだい

1 Aに続く文として最も適当な文をBから選んでください。

A (1) 지금 전화하는 ____
　(2) 친구가 왔을 때는 식사하는 ____
　(3) 버스 타는 ____
　(4) 표 파는 데는 ____
　(5) 신청서 쓰는 법을 ____

B ① 가르쳐 주세요.　② 언제예요?
　③ 데가 어디예요?　④ 중이었어요.
　⑤ 생각입니다.　　⑥ 저기입니다.
　⑦ 중입니다.　　　⑧ 예정입니다.

2 例にならって、次の各文を変えてください。

> 예 곧 출발합니다. ⇨ 곧 줄발할 겁니다.

(1) 오늘은 호텔에서 묵습니다.

　⇨ _____.

(2) 모리 씨한테 전화합니까?

　⇨ _____.

(3) 노력하면 반드시 성공합니다.

　⇨ _____.

(4) 그 영화는 틀림없이 재미있습니다.

⇨ _____.

(5) 일본과 한국은 문화가 비슷합니다.

⇨ _____.

3 次の各文を韓国語に訳してください。

(1) 悔しいけど我慢するつもりです。
⇨ _____.

(2) 韓国人と結婚するつもりです。
⇨ _____.

(3) 私もそうするつもりです。
⇨ _____.

(4) 価格を下げる予定です。
⇨ _____.

(5) 4日間韓国にいる予定です。
⇨ _____.

(6) 韓国に語学研修に行く予定です。
⇨ _____.

4 用言の活用第3タイプ(아/어)を使って、(　　)の中の変則用言を適当な形に変えてください。

(1) 일본과 한국의 문화는 비슷하면서도 (다르다 ⇨　　　　).
(2) 일본에 있을 때는 한국을 잘 (모르다 ⇨　　　　).
(3) 그 때는 한국어가 (서투르다 ⇨　　　　) 고생이 많았어요.
(4) 제주도까지 비행기로 가면 (빠르다 ⇨　　　　).
(5) 시간이 없으니까 (서두르다 ⇨　　　　) 주세요.

5 (　　)の中を適当な表現で埋めてください。

다카하시 : 출발 준비 됐어요?
왕 부 항 : 네, 다 되어 갑니다. 지금 옷 갈아 입(①　　) 중입
　　　　　니다.
다카하시 : 언제 출발(②　　) 생각입니까?
왕 부 항 : 곧 출발(③　　) 거예요. 김 선생님은요?
다카하시 : 김 선생님은 먼저 (④　　) 거 같아요.
왕 부 항 : 아까 내가 들렀을 때는 계셨(⑤　　)는데요.
다카하시 : 내가 여기 (⑥　　) 때 들렀는데요, 그 땐 안 계셨어
　　　　　요.
왕 부 항 : 그래요?
다카하시 : 서둘러 주세요.
왕 부 항 : 네, 미안하지만, 프런트에 전화해서 택시 좀
　　　　　(⑦　　) 줄래요?
다카하시 : 그러지요.

24

신문도 볼 줄 알아요?

新聞も読めますか

· 회　화 －かいわ·

CD-41

이선혜 : **한국에 온 지 얼마나 됐어요?**
韓国に来てからどのくらいなりますか。

스즈키 : **한 달쯤 됐어요.**
一月ぐらいなります。

이선혜 : **한국말을 잘 하는데, 신문도 볼 줄 알아요?**
韓国語が上手ですが、新聞も読めますか。

스즈키 : **신문은 볼 줄 몰라요.**
新聞は読めません。

이선혜 : **한국 음식은 먹을 수 있나요?**
韓国の食べ物は食べられますか。

스즈키 : **아직 잘 못 먹어요.**
まだあまり食べられません。

이선혜 : **그런데, 하라 씨는 어디 있는지 모르겠어요?**
ところで、原さんはどこにいるか知りませんか。

스즈키 : 감기 걸렸으니까, 집에 있을 거예요.
風邪にかかっているから、家にいると思います。

*

이선혜 : 여보세요. 저 선혜인데요. 감기가 심한가요?
もしもし。こちら善恵ですが、風邪はひどいんですか。

하 라 : 괜찮아요. 거의 나았어요. 내일은 회사에 나갈게요.
大丈夫です。ほとんど治りました。明日は会社に行きます。

이선혜 : 그럼, 몸조리 잘 하세요.
それじゃ、お大事に。

단 어

たんご

🎧 CD-42

온 지 [ondʒi/オンジ]	来てから
얼마나 [ɔlmana/オルマナ]	どのくらい
됐어요? [t(w)ɛtʼsɔjo/トゥェッソヨ]	なりましたか、なりますか ▶ 돼요? (なりますか)とも言いますが、普通は過去形で聞いて過去形で答えるのが一般的です。
쯤 [ʔtʃɯm/チュム]	ぐらい
볼 줄 알아요? [pol ʔtʃul arajo/ポル チュララヨ]	読めますか ▶ 줄は「すべ」、直訳は「読むすべを知っていますか」。韓国語では新聞・本などを黙読する場合は 읽다 よりは 보다 で言います。
볼 줄 몰라요 [pol ʔtʃul mollajo/ポル チュル モルラヨ]	読めません ▶ 直訳は「読むすべがわかりません」
먹을 수 있나요? [mɔgɯl ʔsu innajo/モグルス インナヨ]	食べられますか ▶ 수 も「すべ」という意、直訳は「食べるすべがありますか」。語尾の「〜나요?」は「〜んですか」と問いかけるような感じの言い方
그런데 [kɯrɔnde/クロンデ]	ところで
있는지 [innɯndʒi/インヌンジ]	いるか
심한가요 [ʃim(h)angajo/シマヌガヨ]	ひどいんですか ▶ 基本形は 심하다、심は漢字語の「甚」から。「〜ㄴ가요」は「〜んですか」と問いかけるような言い方。

나았어요 [naat͈sɔjo/ナアッソヨ]	治りました ▶ 基本形は 낫다（ㅅ変則）
나갈게요 [nagalʔkejo/ナガルケヨ]	出ていきます ▶ 基本形は 나가다
몸조리 [momdʒori/モムジョリ]	保養 ▶ 몸は「体」、조리は漢字語「調理」から
잘 하세요 [tʃal (h)asejo/チャ ラセヨ]	大事にしてください、しっかりしてください

해설　かいせつ

1 「～(은) 지」（～してから）

　動詞の過去連体形に 지 がついた後、「되다, 지나다, 넘다」のような動詞が続くと、「～してから(いく期間に)なる、～してから(いく期間が)過ぎる・経つ、～してから(いく期間を)越す」のような表現になります。

　그녀와 사귄 지 3년이 돼요.　彼女とつきあって3年になります。

　한국에 온 지 얼마 안 돼요.　韓国に来てからいくらも経ちません。

　감기 약 먹은 지 2시간이 지났는데, 아무런 효과도 없어요.
　　風邪薬を飲んでから2時間が過ぎたんですが、何の効果もありません。

　그 얘기 들은 지 하루도 안 지났는데, 잊어버렸어요.
　　その話を聞いて1日も過ぎていないのに、忘れてしまいました。

　우리는 결혼한 지 5년이 넘어요.
　　わたしたちは結婚してから5年以上になります。

　한국어 공부한 지 6개월이 넘었어요.
　　韓国語を勉強してから6ヶ月が過ぎました。

単語　사귀다 [sag(w)ida/サギダ] つきあう　약 [jak/ヤㇰ] 薬　지나다

[tʃinada/チナダ] 過ぎる　개월 [kɛ(w)ɔl/ケオル] 〜ヶ月

2 可能・不可能の表現

可能・不可能の表現には、対話文で見た「〜のすべ(方法)を知っている/知らない」からなる表現と、「〜するすべ(能力)がある/ない」からなる表現の2種類があります。

① 「〜(을) 줄 알다/모르다」

　動詞の〜「(을)連体形」に 줄(すべ、方法)をつなげ、さらに 알다(知る)につなげると、「〜することができる(〜するすべを知っている)」という可能形になります。また、알다 を 모르다 に置き換えると、「〜することができない(〜するすべを知らない)」という不可能形になります。なお、質問に答えるときは、「네, 알아요(はい、できます)」「아뇨, 몰라요(いいえ、できません)」だけで答えてもいいです。

　また、줄 の後に助詞「은」「을」をつけて言うと、強調した感じになります。

```
動詞語幹 ＋ (을) 줄 알다　　(〜することができる)
         (을) 줄 모르다　(〜することができない)
```

a. 일본어를 할 줄 알아요?　日本語ができますか。
　 할 줄 몰라요.　できません。

b. 한자를 읽을 줄은 알아요?　漢字は読めますか。
　 네, 알아요.　はい、読めます。

c. 신문도 볼 줄 알아요?　新聞も読めますか。
　 아뇨, 몰라요.　いいえ、読めません。

d. 이 노래 부를 줄 몰라요?　この歌を歌えませんか。
　 네, 몰라요.　はい、歌えません。

e. 워드 프로세서 칠 줄을 알아요? ワープロは打てますか。

　　칠 줄 알아요. 打てます。

[単語] 한자 [한짜 hanʔtʃa/ハンチャ] 漢字　부르다 [purɯda/プルダ] 歌う、르変則　치다 [tʃʰida/チダ] 打つ

② 「～(을) 수 있다/없다」

①と同じく、「～(을)連体形」に「～수 있다」をつなげると、「～することができる」というもう一つの可能形が作れます。수も 줄と同様「すべ」という意味ですので、直訳では「～するすべがある」という意味の可能形です。また、있다を 없다に変えると、「～するすべがない」すなわち「～することができない」という不可能形になります。

また、수 の後に助詞「는」「가」をつけて言うと、強調した感じになります。

```
動詞語幹  +  (을) 수 있다 （～することができる）
             (을) 수 없다 （～することができない）
```

a. 차 운전을 할 수 있어요? 車を運転することができますか。

　　할 수 없어요. できません。

b. 김치 먹을 수가 있어요? キムチを食べることができますか。

　　아뇨, 먹을 수가 없어요. いいえ、食べられません。

c. 차 좀 태워 줄 수 없어요? 車に乗せてもらえませんか。

　　네, 타세요. はい、どうぞ(乗ってください)。

d. 그 사건의 진상을 말해 줄 수 없어요?

　　その事件の真相を話してもらえませんか。

　　아직 말할 수는 없어요. まだ話せません。

[単語] 차 [tʃʰa/チャ] 車　운전 [undʒɔn/ウンジョヌ] 運転　태우다 [tʰɛuda/テウダ] 乗せる　태워 주다 [tʰɛ(w)ɔdʒuda/テオジュダ] 乗

せてくれる　타다 [tʰada/タダ] 乗る　사건 [사껀 saʔkɔn/サコヌ] 事件　진상 [tʃinsaŋ/チンサン] 真相

■ 不可能形には、もう一つの言い方があります。それは第14課で学習した 못 を使った言い方ですが、ちょうど用言の否定形の 안 と入れ替わった形をしています。つまり、動詞の語幹に「〜지 못하다(第1タイプ)」をつけた言い方と「못＋動詞」という言い方の2つの表現になります。

なお、못 の前にくる助詞は「이/가」ではなく、必ず「을/를」であることにも注意してください。

못 は、その行動を行う能力がなくてできないと見なした表現である反面、「〜(을) 수 없다」は能力はあるが、今は何かの事情があってできないというような違いがあります。

　　a. 차 운전을 못 해요. 차 운전을 하지 못해요. 車の運転ができません。
　　b. 김치를 못 먹어요. 김치를 먹지 못해요. キムチが食べられません。
　　c. 한자를 못 읽어요. 한자를 읽지 못해요. 漢字が読めません。
　　d. 노래를 못 불러요. 노래를 부르지 못해요. 歌が歌えません。

3 問いかけの疑問形「〜나요?」と「〜가요?」

用言の語幹に「〜나요?(第1タイプ)」を続けるか、もしくは用言の連体形に「〜가요?」を続けると、日本語の「〜んですか」という問いかけるような感じの疑問形になります。ニュアンス的には「〜가요?」の方が「〜나요?」よりやや強い感じがします。

なお、過去形接辞 았/었 のついた形には「〜나요?」と「〜는가요?」をつけて表します。

　여기가 롯데 월드인가요? ここがロッテワールドなんですか。
　내일은 바쁜가요? 내일은 바쁘나요? 明日は忙しいんですか。
　아르바이트를 찾는가요? 아르바이트를 찾나요?
　　アルバイトを探しているんですか。

어떻게 하면 한국말을 빨리 배울 수 있는가요?

어떻게 하면 한국말을 빨리 배울 수 있나요?

　どうすれば韓国語を早く学ぶことができるんですか。

감기 걸렸는가요? 감기 걸렸나요?

　風邪にかかったんですか。

[単語] 롯데 월드 [rot̚te (w)ɔld/ロッテ ウォルドゥ] ロッテワールド
　　　아르바이트 [arɯbait/アルバイトゥ] アルバイト

4 文中での疑問形「〜지」

「在庫があるかどうかわかりません」のような文中での疑問形「〜か」は、用言の連体形に「〜지」をつけて表します。ただし、過去の状況に関する疑問は、「〜았/었는지」で表します。なお、「지」に助詞「도(も)」をつけると、「〜かも」という言い方になります。

이게 뭔지 알아요? これが何かわかりますか。

비싼지 싼지 잘 모르겠어요. 高いか安いかよくわかりません。

집에 있는지 없는지 모르겠어요. 家にいるかいないかわかりません。

하라 씨한테 전화했는지 궁금해요.

　原さんに電話したのか気になります。

서울역이었는지 시청역이었는지 잘 모르겠습니다.

　ソウル駅だったのか市庁駅だったのかよくわかりません。

영업하는지 안 하는지 전화로 물어 보세요.

　営業するのかしないのか電話で聞いてみなさい。

다음 주에 서울에 갈 지도 모릅니다.

　来週ソウルへ行くかも知れません。

[単語] 뭔지 [m(w)ɔndʑi/ムォンジ] 何か ▶ 뭐인지 の縮約形　궁금하다 [kuŋgum(h)ada/クングマダ] 気になる、知りたい　시청 [ɕitɕʰɔŋ/シチョン] 市役所 ▶ 漢字語の「市庁」から　영업 [jɔŋɔp̚/ヨンオプ] 営業

101

5 「ㅅ 変則」

用言の語幹末パッチム「ㅅ」の後に母音が続くと、「ㅅ」は落ちてしまうことがあります(ㅅ+아 → 아、ㅅ+어 → 어、ㅅ+으 → 으)。これを「ㅅ 変則」と言います。

낫다(治る) → 낫+았어요 > 나았어요(治りました)

잇다(つなぐ) → 잇+었어요 > 이었어요(つなぎました)

単語 잇다 [itʔta/イッタ] つなぐ

6 第1人称の意志を表す「〜(을)게요」

いままで学んだ話し手の意志表現に、「〜겠어요」「〜(을)거예요」「〜(을)래요」がありました。「〜겠어요」のくだけた言い方が「〜(을)거예요」で、「〜(을)거예요」がさらにくだけて「〜(을)게요」になったと考えられます。しかし、「〜(을)게요(第2タイプ)」は、主語が第1人称でかつ叙述文としてのみ使われます。また 게 は濃音で発音されます。

내일 오전에 전화할게요.　明日の午前、電話します。

쓰레기는 새벽에 내가 버릴게요.　ゴミは明け方にわたしが捨てます。

사무실에는 내가 남을게요.　事務室にはわたしが残ります。

＊韓国語では 오전(午前)、오후(午後)など時間を表す名詞には普通「〜에 (〜に)」をつけて言います。

　　예 새벽、아침、저녁、봄、여름、가을、겨울 など

しかし、「〜에」をつけない時間名詞もありますが、어제、오늘、내일、지금、올해などがそれです。

単語 오전 [odʑɔn/オジョㇴ] 午前　쓰레기 [ʔsɯregi/スレギ] ゴミ

연습문제

れんしゅう もんだい

1 例にならって、(　　)の中の動詞を適当な形に変えてください。

> 예 한국에 (오다 ⇨ 온 지) 얼마 안 돼요.

(1) 한국어 (공부하다 ⇨　　　　　) 3년이 됐어요.
(2) 그녀와 (사귀다 ⇨　　　　　) 2달쯤 됐어요.
(3) 그 얘기 (듣다 ⇨　　　　　) 하루도 안 지났어요.
(4) 우리는 (결혼하다 ⇨　　　　　) 5년이 넘어요.
(5) 점심 (먹다 ⇨　　　　　) 8시간이나 지났어요.

2 例にならって、次の文を変えてください。

> 예 일본어를 합니다.
> a. 일본어를 할 줄 알아요.
> b. 일본어를 할 줄 몰라요.
> c. 일본어를 할 수 있어요.
> d. 일본어를 할 수 없어요.
> e. 일본어를 못 해요.
> f. 일본어를 하지 못해요.

(1) 차 운전을 합니다.
  a. _____.
  b. _____.
  c. _____.
  d. _____.
  e. _____.
  f. _____.

(2) 김치를 먹습니다.
  a. _____.
  b. _____.
  c. _____.
  d. _____.
  e. _____.
  f. _____.

(3) 한글을 읽습니다.
  a. _____.
  b. _____.
  c. _____.
  d. _____.
  e. _____.
  f. _____.

3 (　)の中を適当な形に変えてください。

(1) 여기가 롯데 월드(이다 ⇒ 　　　)?
　　ここがロッテワールドなんですか。

(2) 내일은 (바쁘다 ⇒ 　　　)?
　　明日は忙しいんですか。

(3) 어떻게 하면 한국말을 빨리 배울 수 (있다 ⇒ 　　　)?
　　どうすれば韓国語を早く学ぶことができるんですか。

(4) 집에 (있다 ⇒ 　　　) (없다 ⇒ 　　　) 모르겠어요.
　　家にいるかいないかわかりません。

(5) 하라 씨한테 (전화하다 ⇒ 　　　) 궁금해요.
　　原さんに電話したのか気になります。

(6) 서울역(이다 ⇒ 　　　) 시청역(이다 ⇒ 　　　) 잘 모르겠습니다.
　　ソウル駅だったのか市庁駅だったのかよくわかりません。

(7) 영업(하다 ⇒ 　　　) (안 하다 ⇒ 　　　) 전화로 물어보세요.
　　営業するのかしないのか電話で聞いてみなさい。

(8) 다음 주에 서울에 (가다 ⇒ 　　　) 모릅니다.
　　来週ソウルへ行くかも知れません。

25

담배를 끊기로 하지 않았었어요?

タバコをやめることにしたんじゃないですか

・회 화 -かいわ・

CD-46

이영숙: 태성 씨, 담배 끊기로 하지 않았었어요?
泰聖さん、タバコをやめることにしたんじゃないですか。

오태성: 끊는다고는 했는데, 끊기 어렵네요.
やめるとは言ったんですが、やめにくいですね。

이영숙: 그럼, 끊기 쉽다고 생각했어요? 약속을 어겼기 때문에 앞으로는 안 만나겠어요.
それじゃ、やめやすいとも思ったんですか。約束を守らなかったんだから、これからは会いませんよ。

오태성: 한번만 봐 주세요. 이번에는 꼭 끊을게요.
1度だけ見逃してください。今度は必ずやめます。

이영숙: 자, 지금부터 끊으세요.
じゃ、いまからやめなさい。

오태성: 지금부터요? 그러면, 끊기 전에 딱 한 대만 피울게요.
いまからですか。それじゃ、やめる前に1本だけ吸わせてもらいます。

이영숙: 할 수 없는 사람이군요!
しようがない人ですね。

단어

たんご

🎵 CD-47

끊기로 [ˀkɯnkʰiro/クンキロ]	やめることに ▶ 基本形は 끊다
끊는다고는 [ˀkɯnnɯndagonɯn/クンヌンダゴヌヌ]	やめるとは
끊기 어렵다 [ˀkɯnkʰi ɔrjɔpˀta/クンキ オリョプタ]	やめにくい、やめづらい
끊기 쉽다고 [ˀkɯnkʰi ʃipˀtago/クンキ シプタゴ]	やめやすいと、簡単にやめると
생각하다 [sɛŋgakʰada/センガカダ]	思う、考える
어겼기 때문에 [ɔgjɔtˀki ˀtɛmune/オギョッキ テムネ]	守らなかったから ▶ 基本形は 어기다
앞으로는 [apɯronɯn/アプロヌヌ]	これからは
봐 주세요 [p(w)a dʒusejo/パ ジュセヨ]	見逃してください ▶ 基本形 봐 주다 は大目に見てやる、見逃してやる
이번 [ibɔn/イボヌ]	今度
끊기 전에 [ˀkɯnkʰi dʒɔne/クンキ ジョネ]	やめる前に
딱 [ˀtak/タク]	ぴったり、これきり
한 대 [han dɛ/ハン デ]	(タバコ) 1本
피우다 [pʰiuda/ピウダ]	吸う
할 수 없다 [hal ˀsu ɔpˀta/ハルスオプタ]	しかたない、しょうがない、できない

해설　かいせつ

1 用言の名詞形「〜기」

用言の語幹に「〜기(第1タイプ)」をつけると、「〜すること」という名詞形になります。

　먹기 [mɔkʔki/モッキ] 食べること
　놀기 [nolgi/ノルギ] 遊ぶこと
　크기 [kʰɯgi/クギ] 大きいこと、大きさ
　밝기 [palʔki/パルキ] 明るさ
　굵기 [kulʔki/クルキ] 太さ

なお、用言の名詞形「〜기」には次に示すような様々な用法があります。
① 「〜기」にはいろいろな助詞がつきます。
　a. 공부하기는 힘들지만, 놀기는 쉽습니다.
　　　勉強することはたいへんですが、遊ぶことはたやすいです。
　b. 저는 아침에 일어나기가 아주 힘들어요.
　　　私は朝起きるのがとてもたいへんです。
　c. 가족 여러분들께서 건강하시기를 빌겠습니다.
　　　ご家族の皆様が健康でおられることをお祈りします。
　d. 그 영화는 사람을 웃기기도 하고 울리기도 했습니다.
　　　その映画は人を笑わせたり泣かせたりしました。
　e. 술과 담배는 끊기로 했습니다.
　　　酒とタバコはやめることにしました。
　　　전철 요금이 다음 달부터 오르기로 되었습니다.
　　　電車の料金が来月から値上がりすることになりました。
　f. 배우기는 배웠지만 잘 모르겠어요.
　　　習うことは習いましたがよくわかりません。

남들이 웃으니까 나도 할 수 없이 웃기는 했지만, 왜 웃는지는 몰랐어요.　人が笑うからぼくもしかたなく笑いはしたものの、なぜ笑っているかはわかりませんでした。

単語　힘들다 [himdɯlda/ヒムドゥルダ] たいへんだ　빌다 [pilda/ピルダ] 祈る　웃기다 [utʔkida/ウッキダ] 笑わせる　울리다 [ullida/ウルリダ] 泣かせる　요금 [joɡɯm/ヨグム] 料金　오르다 [orɯda/オルダ] 上がる　맛 [mat/マッ] 味　남들 [namdɯl/ナムドゥル] 人々、他人達　할 수 없이 [hal ʔsu ɔpʔʃi/ハル ス オプシ] しかたなく

② 「~기 쉽다(~しやすい)」「~기 어렵다(~しにくい)」

「~기」に「쉽다(易しい)・좋다(よい)・편하다(楽だ)」もしくは「어렵다(難しい)・안 좋다(よくない)・나쁘다(悪い)・불편하다(不便だ)」などの語を続けると、それぞれ前者は「~しやすい」、後者は「~しにくい」のような言い方になります。

a. 이 책은 재미있어서 읽기가 쉬워요.
　　この本はおもしろくて読みやすいです。
　옷이 잘 어울려서 아주 보기 좋아요.
　　服がよく似合うのでとてもかっこういいです。
　역이 가까워서 학교 다니기 편해요.
　　駅が近くて学校に通うのが楽です。

b. 공항에서는 택시 잡기가 어려워요.
　　空港ではタクシーが拾いにくいです。
　이 동네는 버스 소리가 시끄러워서 살기 안 좋아요.
　　この町はバスの音がうるさくて住みにくいです。
　그 옷은 촌티나서 보기 나빠요.
　　その服はださくてかっこう悪いです。
　이 가방은 커서 갖고 다니기 불편해요.

このカバンは大きくて持ち歩きにくいです。

[単語] CD-49 어울리다 [ɔullida/オウルリダ] 似合う、調和する　보기 좋다 [pogi dʒotʰa/ポギ ジョタ] かっこういい、見栄えがいい　다니다 [tanida/タニダ] 通う　잡다 [tʃapˀta/チャプタ] つかむ、つかまえる　동네 [toŋne/トンネ] 町　소리 [sori/ソリ] 音　시끄럽다 [ʃiˀkɯrɔpˀta/シクロプタ] うるさい　촌티나다 [tsʰontʰinada/チョンティナダ] ださい、田舎びる　보기 나쁘다 [pogi naˀpɯda/ポギ ナプダ] かっこう悪い、見栄えが悪い　크다 [kʰɯda/クダ] 大きい　갖고 다니다 [katˀko danida/ガコ ダニダ] 持ち歩く

③「~기 때문에(~するから、~するために、~するせいで)」

　~기 の後に「때문(ため、せい)＋에(に)」を続けると、「~から、~ために、~せいで」という強い理由・原因を表す表現になります。なお、때문에(ために、せいで)は単独で体言にもつきます。

　a. 눈이 많이 오기 때문에 오늘은 못 가졌습니다.
　　　雪がたくさん降っているからきょうは行けません。
　b. 눈이 나쁘기 때문에 콘택트 렌즈를 꼈습니다.
　　　目が悪いからコンタクト・レンズをつけました。
　c. 나는 일본 사람이기 때문에 김치를 못 먹습니다.
　　　わたしは日本人だからキムチが食べられません。
　d. 여자 때문에 회사를 그만두었습니다.
　　　女のせいで会社をやめました。
　e. 술 때문에 몸을 망쳤습니다.
　　　お酒のせいで体を壊しました。

[単語] CD-50 눈 [nun/ヌヌ] 雪　콘택트 렌즈 [kʰontʰɛktʰɯ rendʒɯ/コンテクトゥ レンズ] コンタクトレンズ　끼다 [ˀkida/キダ] つける、挟む　여자 [jɔdʒa/ヨジャ] 女の人 ▶漢字語の「女子」から　그만두

다 [kɯmanduda/クマンドゥダ] やめる　망치다 [maɲtʃʰida/マンチダ] 壊す

④「〜기 전에(〜する前に)」

〜기 の後に「전(前)＋에(に)」が続くと、「〜する前に」という言い方になります。

　　a. 자기 전에 이를 닦으세요.　寝る前に歯を磨きなさい。
　　b. 이 약은 식사하기 전에 드세요.
　　　　この薬は食事する前に飲んでください。
　　c. 길 건너기 전에 차를 확인하세요.　道を渡る前に車を確認しなさい。
　　d. 중요한 말은 잊기 전에 메모해 두세요.
　　　　重要な話は忘れる前にメモしておきなさい。
　　e. 아이스크림이 녹기 전에 먹으세요.
　　　　アイスクリームが溶ける前に食べなさい。

[単語] 닦다 [takʔta/タクタ] 磨く、拭く　길 [kil/キル] 道　건너다 [kɔnnɔda/コンノダ] 渡る　중요하다 [tʃuŋjo(h)ada/チュンヨハダ] 重要だ　메모 [memo/メモ] メモ　아이스크림 [aisɯkʰɯrim/アイスクリム] アイスクリーム　녹다 [nokʔta/ノクタ] 溶ける

2 引用文「〜고 하다」

　文末に助詞〜고(引用の「と」)をつけ、그렇다(そうだ)、하다(言う。말하다 の 말 が省略された形)などの動詞を続けると引用文が作れます。その際、間接引用文の場合は、述語(고 の前の用言)に丁寧形は用いません。必ず普通形を用います。しかし、直接引用文の場合はこの限りではありません。また、間接引用文における動詞の現在形(意志形を除く)は、基本形を用いるのではなく、「〜는다」または「〜ㄴ다」で終わる現在形を用います。子音語幹には「〜는다」を、母音語幹・「ㄹ」語幹には「〜ㄴ다」をつけて動詞の現在形を作ります。その際、「ㄹ」語幹のパッチム「ㄹ」は「ㄴ[n]」の前なので落ちます。

111

動詞の場合、基本形が現在形として用いられることは特別なケースを除き、ほとんどありません。

　なお、指定詞の語尾 다 は「~고」の前で 라 に変わります。

　また、하다 は「言われる」と訳されることもあります。

A 김 선생님은 "담배를 끊겠습니다"라고 하셨습니다.
　　金先生は"タバコをやめます"とおっしゃいました。

　김 선생님은 담배를 끊겠다고 하셨습니다.
　　金先生はタバコをやめるとおっしゃいました。

　김 선생님은 담배를 끊는다고 하셨습니다.
　　金先生はタバコをやめるとおっしゃいました。

　＊意志形の直接引用文を間接引用文に変えるとき、意志形と現在形のどちらに変えても意味としては同じことになります。

　어제 태성 씨는 영숙 씨에게 "사랑해요"라고 고백했습니다.
　　昨日泰聖さんは英淑さんに"愛しています"と告白しました。

　어제 태성 씨는 영숙 씨에게 사랑한다고 고백했습니다.
　　昨日泰聖さんは英淑さんに愛していると告白しました。

B 서울도 물가가 비싸다고 그래요. ソウルも物価が高いそうです。

　한국 사람은 인정이 많다고 해요. 韓国人は人情が厚いと言われます。

　어제는 날씨가 좋았다고 합니다. 昨日は天気がよかったそうです。

C 한국에는 원래 원숭이가 없었다고 그래요.
　　韓国にはもともと猿がいなかったそうです。

　일본어에는 한국어에서 온 말이 많이 있다고 합니다.
　　日本語の中には韓国語から来た言葉が多くあると言われます。

D 그녀는 회사원이라고 그래요. 彼女は会社員だそうです。

　나는 스즈키라고 합니다. わたしは鈴木と言います。

[単語] 사랑하다 [saraŋ(h)ada/サランハダ] 愛する　인정 [indʒɔŋ/インジョン] 人情　원래 [wɔllɛ/ウォルレ] もともと、元来　원숭이 [wɔnsuŋi/ウォンスンイ] 猿

■「～고」の後に「전해 주세요」と言うと、「～と伝えてください」という伝言を頼む表現になります。

　　내일 전화한다고 전해 주세요．　明日電話すると伝えてください。

　　6시에 롯데 호텔 로비에서 기다리겠다고 전해 주세요．
　　　6時にロッテホテルのロビーで待っていると伝えてください。

　　보내준 돈은 잘 받았다고 전해 주세요．
　　　送ってくれたお金はちゃんと受け取ったと伝えてください。

単語 전하다 [tʃɔn(h)ada/チョナダ] 伝える ▶ 전 は漢字語の「伝」から
　　　로비 [robi/ロビ] ロビー　기다리다 [kidarida/キダリダ] 待つ

■「～다고 하다」「～라고 하다」の「고 하」は省略できます。

　　～다고 합니다　＞　～다(고 하)ㅂ니다　＞　～답니다
　　～다고 해요　＞　～다(고 하)여요　＞　～대요
　　～라고 합니다　＞　～라(고 하)ㅂ니다　＞　～랍니다
　　～라고 해요　＞　～라(고 하)여요　＞　～래요

　a. 서울도 물가가 비싸답니다．　ソウルも物価が高いと言います。
　　 서울도 물가가 비싸대요．　　　　　　　〃
　b. 그녀는 회사원이랍니다．　彼女は会社員だそうです。
　　 그녀는 회사원이래요．　　　　　　　〃

■ 助詞 ～고 の後に 생각하다、보다、보여지다 などの動詞が続くと「～と思う」「～と見る」「～と見られる」という表現になります。

　　한국어는 금방 배울 것이라고 생각했어요．
　　　韓国語はすぐ覚えるだろうと思いました。

　　저는 21세기에 중국은 경제 대국이 된다고 봅니다．
　　　私は21世紀に中国が経済大国になると見ています。

　　금세기 중에 한반도는 통일될 거라고 보여집니다．
　　　今世紀中に韓半島は統一されるだろうと見られます。

単語 세기 [segi/セギ] 世紀　중국 [tʃuŋguk/チュングク] 中国　경제

113

경제 대국 [tɛguk/テグク] 大国　금세기 [kɯmsegi/クムセギ] 今世紀　한반도 [hanbando/ハヌバンド] 韓半島　통일 [tʰoɲil/トンイル] 統一

第25課

연습문제

れんしゅう もんだい

1 例にならって、変えてください。

> [예] 공항에서는 택시 잡다. 어렵다.
> ⇨ 공항에서는 택시 잡기 어려워요.

(1) 이 책은 재미있어서 읽다. 쉽다.
　⇨ _____
　_____ .

(2) 역이 가까워서 학교 다니다. 편하다.
　⇨ _____
　_____ .

(3) 이 가방은 커서 갖고 다니다. 불편하다.
　⇨ _____
　_____ .

115

(4) 옷이 잘 어울려서 보다. 좋다.
 ⇒ _____
 _____.

(5) 그 옷은 촌티나서 보다. 나쁘다.
 ⇒ _____
 _____.

(6) 이 동네는 버스 소리가 시끄러워서 살다. 안 좋다.
 ⇒ _____
 _____.

2 例にならって、変えてください。

> [예] 서울도 물가가 비싸다. 그래요.
> ⇒ 서울도 물가가 비싸다고 그래요.

(1) 김 선생님은 담배를 끊다. 하셨습니다.

 ⇒ _____.

(2) 다나카 씨는 내일 한국에 가다. 그래요.

 ⇒ _____.

(3) 내일 전화하다. 전해 주세요.

⇨ _____.

(4) 그녀는 회사원이다. 그래요.

⇨ _____.

(5) 어제는 날씨가 좋았다. 합니다.

⇨ _____.

3 Aに続く文として最も適当な文をBから選んでください。

A (1) 6시에 집에서 기다리겠다고 ____
　(2) 한국어는 금방 ____
　(3) 전철 요금이 다음 달부터 ____
　(4) 배우기는 배웠지만 ____
　(5) 나는 일본 사람이기 ____
　(6) 길 건너기 전에 ____

B ① 배울 것이라고 생각했어요.　② 보여집니다.
　③ 오르기로 되었습니다.　④ 못 가겠습니다.
　⑤ 때문에 김치를 못 먹습니다.　⑥ 차를 확인하세요.
　⑦ 잘 모르겠어요.　⑧ 메모해 두세요.
　⑨ 전해 주세요.

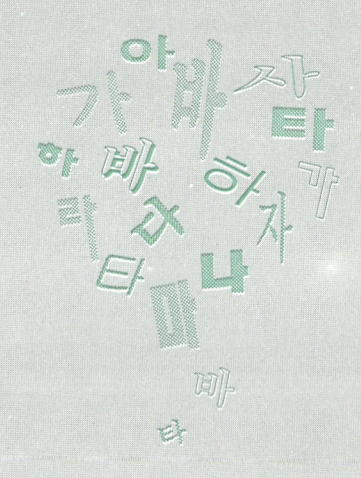

사타가
아배하자
가배자나
하라타ㅁ
　　　　ㅂㅐ
　　　ㅌㅏ

附錄

付　録

辞書の引き方

　単語の形は一つまたはそれ以上の音節からなっていますが、第1音節から順に引いていきます。各音節は「子音＋母音」か「子音＋母音＋パッチム」の構造をしていますので、まず子音から探します。子音が見つかれば次は母音です。パッチムのない音節ならこれで終わりですが、さらにパッチムがあればそれを探します。各音節ごとにこれを繰り返せば目的の単語が出てきます。英語辞書を引くのと基本的には同じ要領です。

　ただし、ハングルのおのおのの子音と母音及びパッチムには、それぞれ決まった順があります。

1. 子音順

① ㄱ・ㄲ　② ㄴ　③ ㄷ・ㄸ　④ ㄹ　⑤ ㅁ　⑥ ㅂ・ㅃ　⑦ ㅅ・ㅆ
⑧ ㅇ　⑨ ㅈ・ㅉ　⑩ ㅊ　⑪ ㅋ　⑫ ㅌ　⑬ ㅍ　⑭ ㅎ

　濃音は、それに該当する平音の後に配列されます。前ページの子音字①～⑭の順、あるいは反切表の子音順と同じです。

2. 母音順

① ㅏ・ㅐ　② ㅑ・ㅒ　③ ㅓ・ㅔ　④ ㅕ・ㅖ　⑤ ㅗ・ㅘ・ㅙ・ㅚ
⑥ ㅛ　⑦ ㅜ・ㅝ・ㅞ・ㅟ　⑧ ㅠ　⑨ ㅡ・ㅢ　⑩ ㅣ

　基本的には、ㅏㅑㅓㅕㅗㅛㅜㅠㅡㅣの順です（反切表の母音順を参照）。組み合わされた母音字は、それぞれの左側の母音字形の後に配列されます。例えば、ㅐは「ㅏ＋ㅣ」の形でㅏの後に載っています。

3. パッチム順

① ㄱ・ㄲ・ㄳ　② ㄴ・ㄵ・ㄶ　③ ㄷ　④ ㄹ・ㄺ・ㄻ・ㄼ・ㄽ・ㄾ・ㄿ
⑤ ㅁ　⑥ ㅂ・ㅄ　⑦ ㅅ・ㅆ　⑧ ㅇ　⑨ ㅈ　⑩ ㅊ　⑪ ㅋ
⑫ ㅌ　⑬ ㅍ　⑭ ㅎ

　基本的には①の子音順と同じです。2文字のパッチムの場合は、その左側

の子音字の後に載っています。なお、右側の子音字は①の子音順で引けばいいです。

　例えば、떫다という単語を例にとって引いてみましょう。第1音節の子音は ㄸ ですから3番目の子音 ㄷ の後です。次に母音 ㅓ は3番目の母音です。これで 떠 が引けました。次にパッチム ㄼ は、左側の子音から引きますので4番目の子音 ㄹ を引き、その後を追っていきますと ㄼ パッチムが出ます。第2音節の 다 についても同様に引くと、떫다 は「渋い」と出てきます。

基本的な用言

1. 母音語幹

語幹末母音	動　　詞	形容詞
ㅏ	가다(行く)　사다(買う)　자라다(育つ) 자다(眠る)　떠나다(去る)　따다(とる) 차다(蹴る)　만나다(会う)　놀라다(驚く) 나가다(出かける)　바라다(望む) 끝나다(終わる)　일어나다(起きる) 들어가다(入る)　지나다(過ぎる)	차다(冷たい) 비싸다(高い) 싸다(安い) 짜다(塩辛い)
ㅗ	오다(来る)　보다(見る)　들어오다(入る) 나오다(出る)　돌보다(世話をする)	
ㅓ	서다(立つ)	
ㅜ	주다(くれる)　세우다(立てる) 싸우다(喧嘩する)　깨우다(起こす) 춤추다(踊る)　피우다(吹かす) 치우다(片付ける)　그만두다(やめる) 바꾸다(変える)　멈추다(止まる) 부수다(壊す)　나누다(分ける) 배우다(学ぶ)　두다(置く)　데우다(温める)	

| 1 | 가지다(持つ) 알리다(知らせる)
 부치다(送る) 마시다(飲む)
 차리다(用意をする) 틀리다(間違える)
 지다(負ける) 내리다(降りる)
 흔들리다(ゆれる) 헤어지다(別れる)
 빌리다(借りる) 올리다(上げる)
 남기다(残す) 내리다(下げる)
 보이다(見える) 넘기다(手渡す)
 모이다(集まる) 질리다(懲りる)
 생기다(生じる) 맡기다(任せる)
 치다(打つ) 이기다(勝つ) 피다(咲く)
 드리다(さし上げる) 드시다(召し上がる)
 고치다(なおす) 때리다(なぐる)
 버리다(捨てる) 즐기다(楽しむ)
 데리다(つれる) 그리다(描く)
 다니다(通う) 다치다(怪我をする)
 움직이다(動く) 들리다(聞こえる)
 가리키다(指す) 던지다(なげる)
 걸리다(かかる) 겹치다(重なる)
 계시다(いらっしゃる) 느끼다(感じる)
 시키다(させる) 기다리다(待つ)
 떨어지다(落ちる) 가르치다(教える)
 가리다(隠す) 떨어뜨리다(落とす)
 지키다(守る) 놓치다(逃す)
 옮기다(移す) 그치다(止まる) | 어리다(幼い)
 흐리다(くもっている)
 시다(酸っぱい)
 느리다(のろい) |

ㅡ	쓰다(書く、使う、被る) 모으다(集める) 모자르다(足りない) 따르다(従う) 들르다(寄る) 끄다(消す) 크다(大きくなる)	고프다(お腹がすいている) 크다(大きい) 바쁘다(忙しい) 예쁘다(かわいい) 쓰다(苦い) 슬프다(悲しい) 아프다(痛い) 나쁘다(悪い) 기쁘다(嬉しい)
ㅐ	지내다(過ごす)　깨다(目覚める) 끝내다(終える)　빼다(抜く) 보내다(送る)　화내다(怒る)	
ㅔ	베다(切る)　메다(詰まる)	세다(強い)
ㅕ	펴다(ひろげる)　켜다(ともす)	
ㅚ	되다(なる)　외다(おぼえる)	
ㅟ	쉬다(休む)　바뀌다(変わる)	
르 変則	나르다(運ぶ)　고르다(選ぶ) 자르다(切る)　오르다(上がる) 서두르다(急ぐ)　누르다(押す) 흐르다(流れる)　기르다(飼う) 부르다(呼ぶ)　마르다(乾く) 모르다(わからない)	빠르다(速い) 다르다(違う) 게으르다(怠けている) 서투르다(下手だ)

125

語幹末母音	動　　詞	形容詞
하다用言	전화하다(電話する) 운동하다(運動する) 공부하다(勉強する) 일하다(仕事をする) 말하다(話す) 전하다(伝える) 걱정하다(心配する) 결혼하다(結婚する) 대답하다(答える) 망하다(亡びる) 좋아하다(好きだ) 부탁하다(頼む) 부끄러워하다 (はずかしがる) 생각하다(思う) 정하다(決める) 피하다(避ける) 사랑하다(愛する)	행복하다(幸せだ)　훌륭하다(立派だ) 지루하다(退屈だ)　건강하다(健康だ) 따뜻하다(あたたかい)　강하다(強い) 조용하다(静かだ)　친절하다(親切だ) 귀하다(珍しい)　굉장하다(すごい) 급하다(急だ)　딱딱하다(固い) 답답하다(もどかしい)　똑똑하다(賢い) 뚱뚱하다(太っている)　편하다(楽だ) 심하다(ひどい)　시원하다(すずしい) 약하다(弱い)　흔하다(有り触れている) 엄하다(厳しい)　조그마하다(小さい) 튼튼하다(丈夫だ)　순하다(おとなしい) 편리하다(便利だ)　필요하다(必要だ) 피곤하다(疲れている) 환하다(明るい)　비슷하다(似ている) 깨끗하다(きれいだ) 진하다(濃い)　한가하다(ひまだ) 연하다(薄い)　이상하다(おかしい) 복잡하다(複雑だ)

2. 子音語幹

語幹末母音	動　詞	形容詞
ㅏ	받다(もらう)　참다(我慢する) 닫다(閉める)　맞다(合う) 남다(残る)　잡다(つかむ) 빼앗다(奪う)　찾다(さがす) 앉다(座る)　막다(防ぐ) 닮다(似る)　맡다(預かる) 감다(巻く)　갚다(返済する) 깎다(刈る)　갖다(持つ) 낳다(生む)　담다(盛る)	작다(小さい) 짧다(短い) 같다(同じだ) 괜찮다(大丈夫だ) 낡다(古い) 밝다(明るい) 많다(多い) 낮다(低い)
ㅗ	쏟다(こぼす)　뽑다(抜く) 녹다(溶ける)	좋다(よい)　높다(高い) 좁다(狭い)
ㅓ	먹다(食べる)　벗다(脱ぐ) 넣다(入れる)　넘다(越える) 얻다(もらう)　덮다(覆う) 꺾다(折る)　업다(おんぶする)	검다(黒い)　적다(少ない) 넓다(広い)　젊다(若い)
ㅜ	죽다(死ぬ)　웃다(笑う) 묵다(泊まる)	굵다(太い)
ㅣ	믿다(信じる)　읽다(読む) 익다(熟する)　심다(植える) 입다(着る)　잊다(忘れる) 신다(履く)　찍다(つける)	깊다(深い) 싫다(いやだ)
ㅡ	끊다(切る)　늦다(遅れる) 늙다(老いる)	늦다(遅い)

ㅏ			얕다(浅い)
ㄹ 語幹	놀다(遊ぶ)　열다(開ける) 알다(知る)　걸다(かける) 늘다(伸びる)　달다(つける) 울다(泣く)　만들다(つくる) 힘들다(たいへんだ)　돌다(回る) 거들다(手伝う)　벌다(稼ぐ) 밀다(おす)　팔다(売る)　얼다(凍る) 날다(飛ぶ)　살다(住む)　줄다(減る)		길다(長い) 가늘다(細い) 멀다(遠い) 달다(甘い)
ㅂ 変則	* 돕다(手伝う) 줍다(拾う) 굽다(焼く)	* 곱다(きれいだ)　덥다(暑い)　춥다(寒い) 쉽다(易しい)　어렵다(難しい) 뜨겁다(熱い)　차갑다(冷たい) 가볍다(軽い)　무겁다(重い)　밉다(憎い) 아름답다(美しい)　그립다(恋しい) 유감스럽다(遺憾だ)　반갑다(嬉しい) 귀엽다(かわいい)　새롭다(あたらしい) 고맙다(ありがたい)　사치스럽다(贅沢だ) 부드럽다(柔らかい)　즐겁다(楽しい) 어둡다(暗い)　더럽다(汚い) 가깝다(近い)　시끄럽다(うるさい) 아깝다(惜しい)　아쉽다(物足りない) 아니꼽다(目障りだ)　괴롭다(苦しい) 무섭다(恐い)　순조롭다(順調だ) 부끄럽다(恥ずかしい)	

ㅂ規則	잡다(つかむ) 집다(つまむ) 입다(着る) 뽑다(抜く) 업다(おんぶする)	굽다(曲がっている) 좁다(狭い)
ㄷ變則	듣다(きく)　걷다(歩く) 싣다(載せる)　깨닫다(悟る) 묻다(うかがう)　긷다(汲む)	
ㄷ規則	받다(もらう) 닫다(閉める) 묻다(埋める) 얻다(もらう) 쏟다(こぼす) 믿다(信じる)	
ㅎ變則		까맣다(黒い)　하얗다(白い) 파랗다(青い)　빨갛다(赤い) 노랗다(黄色い)　이렇다(こうだ) 그렇다(そうだ)　저렇다(ああだ) 어떻다(どうだ) 말갛다(澄んでいる) 동그랗다(丸い) 커다랗다(大きい)
ㅎ規則	넣다(入れる) 낳다(生む) 놓다(放す)	좋다(よい)

ㅅ 変則	짓다(つくる)　붓다(注ぐ) 잇다(つなぐ)　낫다(治る) 긋다(線を引く)	
ㅅ 規則	웃다(笑う) 빼앗다(奪う) 벗다(脱ぐ)	

※ ㅂ 変則用言中の 돕다, 곱다 の2語は、用言の活用第3タイプにおいて常に 아 母音をとり、他の ㅂ 変則用言は 어 母音をとります。

3. 存在詞

있다(ある、いる)	없다(ない、いない)
재미있다(おもしろい) 맛있다(おいしい) 멋있다(かっこういい)	재미없다(おもしろくない) 맛없다(おいしくない) 멋없다(かっこう悪い)

付　録

あいさつとよく使う表現

　　上段には요丁寧形を、下段には丁寧形を示しました。

1. 여보세요.　　　　　　　　　　　もしもし。（すみません）
   여보십시오.

2. 안녕하세요?　　　　　　　　　　こんにちは（おはようございます、
   안녕하십니까?　　　　　　　　　こんばんは、お元気ですか）。

3. 안녕히 계세요.　　　　　　　　　さようなら。（残る相手に対して、
   안녕히 계십시오.　　　　　　　　もしくは電話を切る時）

4. 안녕히 가세요.　　　　　　　　　さようなら。（去る人に対して）
   안녕히 가십시오.

5. 축하해요.　　　　　　　　　　　おめでとう。
   축하합니다.　　　　　　　　　　　おめでとうございます。

6. 감사합니다.　　　　　　　　　　ありがとうございます。

7. 고마워요.　　　　　　　　　　　ありがとう。
   고맙습니다.　　　　　　　　　　ありがとうございます。

8. 천만에요.　　　　　　　　　　　どういたしまして。
   천만의 말씀입니다.

9. 실례하겠어요.　　　　　　　　　失礼します。
   실례하겠습니다.

10. 저는 스즈키라고 해요.　　　　　私は鈴木と申します。
    저는 스즈키라고 합니다.

131

11. 잘 부탁해요.　　　　　　よろしくお願いします。
    잘 부탁합니다.

12. 미안해요.　　　　　　　　すみません。
    미안합니다.

13. 괜찮아요.　　　　　　　　大丈夫です(平気です)。
    괜찮습니다.

14. 괜찮아요?　　　　　　　　大丈夫ですか。(以下 요 丁寧形は同じ文
    괜찮습니까?　　　　　　　でも語尾を上げて聞くだけで疑問文になり、下段の丁寧形の場合も語尾 다 を 까 に換えれば疑問文になる)

15. 그래요.　　　　　　　　　そうです。
    그렇습니다.

16. 좋아요.　　　　　　　　　いいです。
    좋습니다.

17. 정말이에요.　　　　　　　本当です。
    정말입니다.

18. 돼요.　　　　　　　　　　できます(いいです)。
    됩니다.

19. 안 돼요.　　　　　　　　　できません(だめです)。
    안 됩니다.

20. 알겠어요.　　　　　　　　わかります。
    알겠습니다.

21. 알았어요. 　　알았습니다.	わかりました。
22. 모르겠어요. 　　모르겠습니다.	わかりません。
23. 같아요. 　　같습니다.	同じです。
24. 달라요. 　　다릅니다.	違います。
25. 다녀오세요. 　　다녀오십시오.	行っていらっしゃい。
26. 다녀오셨어요? 　　다녀오셨습니까?	お帰りなさい。
27. 다녀오겠어요. 　　다녀오겠습니다.	行って参ります。
28. 처음 뵙겠어요. 　　처음 뵙겠습니다.	初めてお目にかかります。
29. 잘 부탁드리겠어요. 　　잘 부탁드리겠습니다.	よろしくお願い致します。
30. 계세요? 　　계십니까?	いらっしゃいますか(ごめんください)。
31. 누구세요? 　　누구십니까?	どなたですか。

32. 말씀 좀 묻겠어요.　　　　　　ちょっとお伺い致します。
　　말씀 좀 묻겠습니다.

33. 오래간만이에요.　　　　　　　久しぶりです。
　　오래간만입니다.

34. 어떻게 지내세요?　　　　　　いかがお過ごしですか。
　　어떻게 지내십니까?

35. 네, 잘 지내고 있어요.　　　　はい、元気です。
　　네, 잘 지내고 있습니다.

36. 몸조심 하세요.　　　　　　　お体を大切に。
　　몸조심 하십시오.

37. 부인께 안부 전해 주세요.　　　奥さまによろしく伝えてください。
　　부인께 안부 전해 주십시오.

38. 어서 오세요.　　　　　　　　いらっしゃい。
　　어서 오십시오.

39. 편히 앉으세요.　　　　　　　足を楽にしてください。
　　편히 앉으십시오.

40. 차 드세요.　　　　　　　　　お茶をどうぞ。
　　차 드십시오.

41. 잘 먹겠어요.　　　　　　　　いただきます。
　　잘 먹겠습니다.

42. 잘 먹었어요.　　　　　　　　ごちそうさまでした。
　　잘 먹었습니다.

43. 참 맛있어요.　　　　　　　　とてもおいしいです。
    참 맛있습니다.

44. 이만 가보겠어요.　　　　　　これで失礼します。
    이만 가보겠습니다.

45. 실례했어요.　　　　　　　　失礼しました。
    실례했습니다.

46. 또 만나요.　　　　　　　　　またお会いしましょう。
    또 만납시다.

47. 또 뵙겠어요.　　　　　　　　またお目にかかります。
    또 뵙겠습니다.

48. 조심해 가세요.　　　　　　　お気をつけて。
    조심해 가십시오.

49. 다나카 씨를 소개해 주세요.　田中さんを紹介してください。
    다나카 씨를 소개해 주십시오.

50. 새해 복 많이 받으세요.　　　明けましておめでとうございます。
    새해 복 많이 받으십시오.

用言の活用表

反切表

子音＼母音	[k/g] ㄱ	[n] ㄴ	[t/d] ㄷ	[r/l] ㄹ	[m] ㅁ	[p/b] ㅂ
ㅏ [a] ア	가 [ka] カ	나 [na] ナ	다 [ta] タ	라 [ra] ラ	마 [ma] マ	바 [pa] パ
ㅑ [ja] ヤ	갸 [kja] キャ	냐 [nja] ニャ	댜 [tja] ティャ	랴 [rja] リャ	먀 [mja] ミャ	뱌 [pja] ピャ
ㅓ [ɔ] オ	거 [kɔ] コ	너 [nɔ] ノ	더 [tɔ] ト	러 [rɔ] ロ	머 [mɔ] モ	버 [pɔ] ポ
ㅕ [jɔ] ヨ	겨 [kjɔ] キョ	녀 [njɔ] ニョ	뎌 [tjɔ] ティョ	려 [rjɔ] リョ	며 [mjɔ] ミョ	벼 [pjɔ] ピョ
ㅗ [o] オ	고 [ko] コ	노 [no] ノ	도 [to] ト	로 [ro] ロ	모 [mo] モ	보 [po] ポ
ㅛ [jo] ヨ	교 [kjo] キョ	뇨 [njo] ニョ	됴 [tjo] ティョ	료 [rjo] リョ	묘 [mjo] ミョ	뵤 [pjo] ピョ
ㅜ [u] ウ	구 [ku] ク	누 [nu] ヌ	두 [tu] トゥ	루 [ru] ル	무 [mu] ム	부 [pu] プ
ㅠ [ju] ユ	규 [kju] キュ	뉴 [nju] ニュ	듀 [tju] ティュ	류 [rju] リュ	뮤 [mju] ミュ	뷰 [pju] ピュ
ㅡ [ɯ] ウ	그 [kɯ] ク	느 [nɯ] ヌ	드 [tɯ] トゥ	르 [rɯ] ル	므 [mɯ] ム	브 [pɯ] プ
ㅣ [i] イ	기 [ki] キ	니 [ni] ニ	디 [ti] ティ	리 [ri] リ	미 [mi] ミ	비 [pi] ピ

付　録

* 母音字10個と子音字14個の組合せからなっている音節表を反切表と呼びます。これはちょうど日本語の五十音図に相当するもので、辞書の見出し語や名簿などはこの表の順序に沿って配列されています。その順序は左側一番上の가から始め、가・갸・거……규・기と、ㄱ行が終わったら右横のㄴ行に移ります。次はㄷ行、ㄹ行、ㅁ行……といった順です。

[s/ʃ] ㅅ	[ゼロ/ŋ] ㅇ	[tʃ/dʒ] ㅈ	[tʃh] ㅊ	[kh] ㅋ	[th] ㅌ	[ph] ㅍ	[h] ㅎ
사 [sa] サ	아 [a] ア	자 [tʃa] チャ	차 [tʃha] チャ	카 [kha] カ	타 [tha] タ	파 [pha] パ	하 [ha] ハ
샤 [ʃa] シャ	야 [ja] ヤ	쟈 [tʃa] チャ	챠 [tʃha] チャ	캬 [khja] キャ	탸 [thja] ティャ	퍄 [phja] ピャ	햐 [hja] ヒャ
서 [sɔ] ソ	어 [ɔ] オ	저 [tʃɔ] チョ	처 [tʃhɔ] チョ	커 [khɔ] コ	터 [thɔ] ト	퍼 [phɔ] ポ	허 [hɔ] ホ
셔 [ʃɔ] ショ	여 [jɔ] ヨ	져 [tʃɔ] チョ	쳐 [tʃhɔ] チョ	켜 [khjɔ] キョ	텨 [thjɔ] ティョ	펴 [phjɔ] ピョ	혀 [hjɔ] ヒョ
소 [so] ソ	오 [o] オ	조 [tʃo] チョ	초 [tʃho] チョ	코 [kho] コ	토 [tho] ト	포 [pho] ポ	호 [ho] ホ
쇼 [ʃo] ショ	요 [jo] ヨ	죠 [tʃo] チョ	쵸 [tʃho] チョ	쿄 [khjo] キョ	툐 [thjo] ティョ	표 [phjo] ピョ	효 [hjo] ヒョ
수 [su] ス	우 [u] ウ	주 [tʃu] チュ	추 [tʃhu] チュ	쿠 [khu] ク	투 [thu] トゥ	푸 [phu] プ	후 [hu] フ
슈 [ʃu] シュ	유 [ju] ユ	쥬 [tʃu] チュ	츄 [tʃhu] チュ	큐 [khju] キュ	튜 [thju] ティュ	퓨 [phju] ピュ	휴 [hju] ヒュ
스 [sɯ] ス	으 [ɯ] ウ	즈 [tʃɯ] チュ	츠 [tʃhɯ] チュ	크 [khɯ] ク	트 [thɯ] トゥ	프 [phɯ] プ	흐 [hɯ] フ
시 [ʃi] シ	이 [i] イ	지 [tʃi] チ	치 [tʃhi] チ	키 [khi] キ	티 [thi] ティ	피 [phi] ピ	히 [hi] ヒ

用言の活用第1タイプ

			基本形	意志 〜する 第13課	推量 〜だろう 第13課	進行 〜ている 第16課	願望 〜したい 第19課
母音語幹		指	이다(だ)		이겠다		
		動	가다(行く)	가겠다	가겠다	가고 있다	가고 싶다
		形	싸다(安い)		싸겠다		
		動	보다(見る)	보겠다	보겠다	보고 있다	보고 싶다
		動	서다(立つ)	서겠다	서겠다	서고 있다	서고 싶다
		動	주다(くれる)	주겠다	주겠다	주고 있다	주고 싶다
		動	마시다(飲む)	마시겠다	마시겠다	마시고 있다	마시고 싶다
	ㅡ	動	쓰다(書く)	쓰겠다	쓰겠다	쓰고 있다	쓰고 싶다
	ㅡ	形	나쁘다(悪い)		나쁘겠다		
	르	動	나르다(運ぶ)	나르겠다	나르겠다	나르고 있다	나르고 싶다
		形	빠르다(速い)		빠르겠다		
		動	하다(する)	하겠다	하겠다	하고 있다	하고 싶다
子音語幹		存	있다(いる、ある)	있겠다	있겠다		있고 싶다
		動	받다(もらう)	받겠다	받겠다	받고 있다	받고 싶다
		形	많다(多い)		많겠다		
		動	먹다(食べる)	먹겠다	먹겠다	먹고 있다	먹고 싶다
		形	적다(少ない)		적겠다		
		動	쏟다(こぼす)	쏟겠다	쏟겠다	쏟고 있다	쏟고 싶다
		形	높다(高い)		높겠다		
	ㄹ	動	놀다(遊ぶ)	놀겠다	놀겠다	놀고 있다	놀고 싶다
	ㄹ	形	길다(長い)		길겠다		
	ㅂ	動	돕다(手伝う)	돕겠다	돕겠다	돕고 있다	돕고 싶다
	ㅂ	形	춥다(寒い)		춥겠다		
	ㄷ	動	듣다(きく)	듣겠다	듣겠다	듣고 있다	듣고 싶다
	ㅎ	形	까맣다(黒い)		까맣겠다		
	ㅅ	動	짓다(つくる)	짓겠다	짓겠다	짓고 있다	짓고 싶다

* ㅡは ㅡ語幹、르は르変則、ㄹはㄹ語幹、ㅂはㅂ変則、ㄷはㄷ変則、ㅎはㅎ変則、ㅅはㅅ変則を表します(以下同)。
* △印の活用形は、実際にはあまり言いません(以下同)。
* ㄹ語幹はㄴの前では落ちます。
* 第1タイプ活用形(数字は課の番号を示す、以下同じ)
  〜 겠 「(意志、推量)」 13　　〜 고 「〜で(羅列)」 10、15
  〜 고 있다 「〜している(進行)」 16　　〜 고 싶다 「〜したい(願望)」 19
  〜 고 말다 「〜してしまう」　　〜 군요 「ですね、ますね(詠嘆)」 14
  〜 기 「〜すること/〜さ(名詞)」 25　　〜 기 전에 「〜する前に」 25
  〜 기 쉽다 「〜しやすい」 他25　　〜 기 때문에 「〜から(理由、原因)」 25

付録

否定 〜ない 第14課	〜が 第11課	禁止 〜しないで下さい 第20課	推量(〜는〜) 〜するようだ 第22課	〜する前に 第25課
	이지만			
가지 않다	가지만	가지 마세요	가는 것 같다	가기 전에
싸지 않다	싸지만			
보지 않다	보지만	보지 마세요	보는 것 같다	보기 전에
서지 않다	서지만	서지 마세요	서는 것 같다	서기 전에
주지 않다	주지만	주지 마세요	주는 것 같다	주기 전에
마시지 않다	마시지만	마시지 마세요	마시는 것 같다	마시기 전에
쓰지 않다	쓰지만	쓰지 마세요	쓰는 것 같다	쓰기 전에
나쁘지 않다	나쁘지만			
나르지 않다	나르지만	나르지 마세요	나르는 것 같다	나르기 전에
빠르지 않다	빠르지만			
하지 않다	하지만	하지 마세요	하는 것 같다	하기 전에
있지 않다	있지만	있지 마세요	있는 것 같다	△있기 전에
받지 않다	받지만	받지 마세요	받는 것 같다	받기 전에
많지 않다	많지만			
먹지 않다	먹지만	먹지 마세요	먹는 것 같다	먹기 전에
적지 않다	적지만			
쏟지 않다	쏟지만	쏟지 마세요	쏟는 것 같다	쏟기 전에
높지 않다	높지만			
놀지 않다	놀지만	놀지 마세요	*노는 것 같다	놀기 전에
길지 않다	길지만			
돕지 않다	돕지만	돕지 마세요	돕는 것 같다	돕기 전에
춥지 않다	춥지만			
듣지 않다	듣지만	듣지 마세요	듣는 것 같다	듣기 전에
까맣지 않다	까맣지만			
짓지 않다	짓지만	짓지 마세요	짓는 것 같다	짓기 전에

〜는「連体形」16、23　　〜는 것 같다「〜するようだ(推量)」22
〜는군요「〜ますね(詠嘆)」14　　〜는데요「〜ますけれども(婉曲)」21
〜는가요「〜ますか(問いかけの疑問)」　　〜는지「〜か(文中疑問)」
〜나요「(問いかけの疑問)」24　　〜네요「〜ますね/ですね(詠嘆)」14
〜는가요「(問いかけの疑問)」24
〜다「基本形」　　〜지만「〜が」11　　〜지 않다「否定」14
〜지 마세요「〜しないでください(禁止)」20　　〜지요(죠)「〜ですね」22

用言の活用第2タイプ

基本形				動詞現在形 第25課	丁寧 〜ます、です 第13課	条件 〜ば 第15課	命令 〜しなさい 第20課
母音語幹		指	이다(だ)		입니다	이면	
		動	가다(行く)	간다	갑니다	가면	가세요
		形	싸다(安い)		쌉니다	싸면	
		動	보다(見る)	본다	봅니다	보면	보세요
		動	서다(立つ)	선다	섭니다	서면	서세요
		動	주다(くれる)	준다	줍니다	주면	주세요
		動	마시다(飲む)	마신다	마십니다	마시면	마시세요
	―	動	쓰다(書く)	쓴다	씁니다	쓰면	쓰세요
	―	形	나쁘다(悪い)		나쁩니다	나쁘면	
	르	動	나르다(運ぶ)	나른다	나릅니다	나르면	나르세요
	르	形	빠르다(速い)		빠릅니다	빠르면	
		動	하다(する)	한다	합니다	하면	하세요
子音語幹		存	있다(いる、ある)		있습니다	있으면	있으세요
		動	받다(もらう)	받는다	받습니다	받으면	받으세요
		形	많다(多い)		많습니다	많으면	
		動	먹다(食べる)	먹는다	먹습니다	먹으면	먹으세요
		形	적다(少ない)		적습니다	적으면	
		動	쏟다(こぼす)	쏟는다	쏟습니다	쏟으면	쏟으세요
		形	높다(高い)		높습니다	높으면	
	ㄹ	動	놀다(遊ぶ)	*논다	*놉니다	*놀면	노세요
	ㄹ	形	길다(長い)		*깁니다	*길면	
	ㅂ	動	돕다(手伝う)	돕는다	돕습니다	도우면	도우세요
	ㅂ	形	춥다(寒い)		춥습니다	추우면	
	ㄷ	動	듣다(きく)	듣는다	듣습니다	들으면	들으세요
	ㅎ	形	까맣다(黒い)		까맣습니다	*까마면	
	ㅅ	動	짓다(つくる)	짓는다	짓습니다	지으면	지으세요

* ㄹ語幹は、連音して르になると르は必ず落ちます。 ㄹパッチムを残しながら母音語幹のように接続するのは、ㅁ(면、면서など)かㄹ(러、려고など)が後続するときです。
* ㅎ変則も、連音して흐になると흐は必ず落ちます。
* 第2タイプ活用形
  〜ㄴ다/는다「(動詞の現在形)」25　　〜ㅂ/습니다「〜ます/です(丁寧)」13
  〜(읍)시다「〜しましょう(勧誘)」19
  〜(으)니까「〜から (理由)」17　　〜(으)러「〜しに(目的)」18
  〜(으)려고「〜しようと(意図)」
  〜(으)면「〜ば(条件)」15　　〜(으)면서(도)「〜ながら(も)」19
  〜(으)시「お〜になる(尊敬)」14　　〜(으)세요「〜しなさい(命令)」20

尊敬 お~になる 第14課	勧誘 ~ましょう 第19課	可能 ~られる 第24課	~とき 第22課	過去経験 ~・たこと 第21課	目的 ~しに 第18課
이시다		일 수 있다	일 때	인 적	
가시다	갑시다	갈 수 있다	갈 때	간 적	△가러
△싸시다			쌀 때		
보시다	봅시다	볼 수 있다	볼 때	본 적	보러
서시다	섭시다	설 수 있다	설 때	선 적	서러
주시다	줍시다	줄 수 있다	줄 때	준 적	주러
마시시다	마십시다	마실 수 있다	마실 때	마신 적	마시러
쓰시다	씁시다	쓸 수 있다	쓸 때	쓴 적	쓰러
나쁘시다			나쁠 때		
나르시다	나릅시다	나를 수 있다	나를 때	나른 적	나르러
빠르시다			빠를 때		
하시다	합시다	할 수 있다	할 때	한 적	하러
있으시다	있읍시다	있을 수 있다	있을 때	있은 적	△있으러
받으시다	받읍시다	받을 수 있다	받을 때	받은 적	받으러
많으시다			많을 때		
먹으시다	먹읍시다	먹을 수 있다	먹을 때	먹은 적	먹으러
적으시다			적을 때		
쏟으시다	쏟읍시다	쏟을 수 있다	쏟을 때	쏟은 적	쏟으러
높으시다			높을 때		
노시다	놉시다	놀 수 있다	놀 때	논 적	*놀러
기시다			길 때		
도우시다	도웁시다	도울 수 있다	도울 때	도운 적	도우러
추우시다			추울 때		
들으시다	들읍시다	들을 수 있다	들을 때	들은 적	들으러
*까마시다			*까말 때		
지으시다	지읍시다	지을 수 있다	지을 때	지은 적	지으러

~(은)「連体形」16　~(은)데요「~ですけれども(婉曲)」21
~(은)지「~か(指・形の文中疑問)」24　~(은)가요「(問いかけの疑問)」24
~(은)지「~してから」24　~(은) 것 같다「~いようだ(推量)」22
~(을)「~連体形」22
~(을) 수 있다/없다「~することができる/できない(可能/不可能)」24
~(은) 줄 알다/모르다「~することができる/できない(可能/不可能)」24
~(을) 테니까「~から(理由)」22　~(을)까요「~しましょうか」19
~(을)게요「~します(意志)」24　~(을) 것이다「推量・意志」23
~(을)래요「意志」23

141

用言の活用第3タイプ

			基本形	ヨ丁寧 〜ます、〜です 第17課	理由 〜て 第19課	条件 〜ても 第20課	丁寧な依頼 〜して下さい 第21課
母音語幹	ー ー 르 르	指 動 形 動 動 動 動 動 形 動 形 動	이다(だ) 가다(行く) 싸다(安い) 보다(見る) 서다(立つ) 주다(くれる) 마시다(飲む) 쓰다(書く) 나쁘다(悪い) 나르다(運ぶ) 빠르다(速い) 하다(する)	이에요 가요 싸요 봐요 서요 줘요 마셔요 써요 나빠요 날라요 빨라요 해요	이라서 가서 싸서 봐서 서서 줘서 마셔서 써서 나빠서 날라서 빨라서 해서	이라도 가도 싸도 봐도 서도 줘도 마셔도 써도 나빠도 날라도 빨라도 해도	 가 주세요 봐 주세요 서 주세요 줘 주세요 마셔 주세요 써 주세요 날라 주세요 해 주세요
子音語幹	ㄹ ㄹ ㅂㅂ ㄷ ㅎ ㅅ	存 動 形 動 形 動 形 動 形 動 形 動 形 動	있다(いる、ある) 받다(もらう) 많다(多い) 먹다(食べる) 적다(少ない) 쏟다(こぼす) 높다(高い) 놀다(遊ぶ) 길다(長い) 돕다(手伝う) 춥다(寒い) 듣다(きく) 까맣다(黒い) 짓다(つくる)	있어요 받아요 많아요 먹어요 적어요 쏟아요 높아요 놀아요 길어요 도와요 추워요 들어요 까매요 지어요	있어서 받아서 많아서 먹어서 적어서 쏟아서 높아서 놀아서 길어서 도와서 추워서 들어서 까매서 지어서	있어도 받아도 많아도 먹어도 적어도 쏟아도 높아도 놀아도 길어도 도와도 추워도 들어도 까매도 지어도	있어 주세요 받아 주세요 먹어 주세요 쏟아 주세요 놀아 주세요 도와 주세요 들어 주세요 지어 주세요

＊第3タイプ活用形
　〜아/어도「〜ても」20　　〜아/어서「〜て(理由・根拠)」19
　〜아/어요「〜ます/です(요丁寧)」17　　〜아/어주다「〜してやる」21
　〜아/어 주세요「〜してください」　　〜아/어 가다/오다「〜していく/くる」21
　〜아/어 놓다/두다「〜しておく」21
　〜아/어 버리다「〜してしまう」21　　〜아/어 보다「〜してみる」20
　〜아/어야 하다/되다「〜しなければならない」21
　〜아/어지다「〜くなる」22
　〜았/었「〜た(過去)」18　　〜았/었을「連体形」22　　〜았/었으니까「〜から(理由)」22
　〜았/었는데요「〜・たけれども(婉曲)」21

付　録

〜しなければ ならない 第21課	〜くなる 第22課	過去 〜・た 第18課	〜・たとき 第22課	過去理由 〜・たから 第22課
이어야 하다 가야 하다 싸야 하다 봐야 하다 서야 하다 줘야 하다 마셔야 하다 써야 하다 나빠야 하다 날라야 하다 빨라야 하다 해야 하다	 싸지다 나빠지다 빨라지다 	이었다 갔다 쌌다 봤다 섰다 줬다 마셨다 썼다 나빴다 날랐다 빨랐다 했다	이었을 때 갔을 때 쌌을 때 봤을 때 섰을 때 줬을 때 마셨을 때 썼을 때 나빴을 때 날랐을 때 빨랐을 때 했을 때	이었으니까 갔으니까 쌌으니까 봤으니까 섰으니까 줬으니까 마셨으니까 썼으니까 나빴으니까 날랐으니까 빨랐으니까 했으니까
있어야 하다 받아야 하다 많아야 하다 먹어야 하다 적어야 하다 쏟아야 하다 높아야 하다 놀아야 하다 길어야 하다 도와야 하다 추워야 하다 들어야 하다 까매야 하다 지어야 하다	△있어지다 많아지다 적어지다 높아지다 길어지다 추워지다 까매지다 	있었다 받았다 많았다 먹었다 적었다 쏟았다 높았다 놀았다 길었다 도왔다 추웠다 들었다 까맸다 지었다	있었을 때 받았을 때 많았을 때 먹었을 때 적었을 때 쏟았을 때 높았을 때 놀았을 때 길었을 때 도왔을 때 추웠을 때 들었을 때 까맸을 때 지었을 때	있었으니까 받았으니까 많았으니까 먹었으니까 적었으니까 쏟았으니까 높았으니까 놀았으니까 길었으니까 도왔으니까 추웠으니까 들었으니까 까맸으니까 지었으니까

練習問題の解答

17

1 (1) 봄은 따뜻해요　(2) 여름은 더워요　(3) 가을은 시원해요
(4) 겨울은 추워요　(5) 여름이 가장 좋아요　(6) 나는 술을 먹지 않아요
(7) 머리가 아파요　(8) 비가 와요　(9) 봄은 어때요
(10) 매일 회사에 가요　(11) 선혜 씨는 전화해요 (12) 내일 전화하겠어요
(13) 사사키 씨는 마음이 고와요　(14) 한국말을 잘하면 좋겠어요
(15) 경희대학교에서 한국어를 배워요

2 (1) 봄을 좋아해요　　　　(2) 여름을 좋아해요
(3) 가을을 좋아해요　　　(4) 겨울을 좋아해요

3 (1) 오늘은 바쁘니까 내일 가겠습니다
(2) 한국에서 사니까 말을 빨리 배웁니다
(3) 여기는 한국이니까 한국식으로 하겠습니다
(4) 오늘은 날씨가 추우니까 집에 있겠습니다
(5) 머리가 까마니까 젊게 보여요
(6) 항상 그러니까 문제예요

4 (1) 따뜻하니까요　　　　(2) 춥지 않으니까요
(3) 단풍이 아름다우니까요　(4) 너무 추우니까요

18

1 (1) 여섯 시　(2) 스무 살　(3) 혼자서(한 사람이서)　(4) 네시간
(5) 한 달　(6) 두 번　(7) 열 사람(열 명)　(8) 일곱 분
(9) 다섯 권　(10) 한 잔　(11) 세 개　(12) 둘이서

2 (1) 네, 먹었어요　　　　(2) 둘이서(두 사람이서) 갔습니다
(3) 수미 씨한테 전화했어요　(4) 아주 매웠어요
(5) 영숙 씨한테 줬어요　　(6) 텔레비전을 봤어요

(7) 네, 살쪘습니다　　　　　(8) 아뇨, 결혼했습니다
(9) 앞에 탔어요　　　　　　(10) 청바지를 입었어요

3 (1) 만나러　(2) 놀러　(3) 찾으러　(4) 먹으러　(5) 공부하러

19

1 (1) 술을 많이 마셔서 머리가 아파요　(2) 밤샘을 해서 피곤해요
(3) 값이 너무 비싸서 안 샀어요　　(4) 학교가 가까워서 아주 편리해요
(5) 냉면이 맛있어서 2그릇이나 시켰어요

2 (1) 사랑에 빠져서 그래요　　　(2) 하루 종일 일해서 그래요
(3) 발음이 어려워서 그래요　　(4) 김치가 매워서 그래요
(5) 머리가 아파서 그래요

3 (1) 커피가(를) 마시고 싶어요　　(2) 한국 영화가(를) 보고 싶어요
(3) 냉면이(을) 먹고 싶어요　　　(4) 추워서 나가고 싶지 않습니다
(5) 공항에 가고 싶습니다만, 어떻게 가면 됩니까

4 (1) 할까요, 합시다　　　　　(2) 닫을까요, 닫읍시다
(3) 할까요, 합시다　　　　　(4) 먹을까요, 먹읍시다
(5) 갈까요, 갑시다

5 (1) 아버지는 커피를 마시면서 신문을 보고 있습니다
(2) 여동생은 항상 음악을 들으면서 공부를 합니다
(3) 저 사람은 유학생이면서 한국어 선생님입니다
(4) 한국어는 쉬우면서도 어려워요
(5) 그녀는 뚱뚱하면서도 매력이 있습니다

20

1 (1) 이쪽으로 오세요　　　　　(2) 이거 받으세요
(3) 돈 많이 버세요　　　　　(4) 잘 들으세요
(5) 담배를 버리지 마세요　　(6) 저를 잊지 마세요

2 (1) 성함이 어떻게 되십니까　(2) 선생님께서 말씀하시고 계십니다

(3) 할아버님께서 주무시고 계세요 (4) 이 분께서는 제 선생님이세요
(5) 사장님께서 전화하세요 (6) 아베 씨께서는 요즘 바쁘세요
(7) 사장님께 말씀드렸습니다 (8) 제가 안내해 드리겠습니다

3 (1) 만나 (2) 해 (3) 가 (4) 써 (5) 없어 (6) 작아

4 (1) 세요 (2) 오세요 (3) 오래간만 (4) 오세요 (5) 하겠습니다
(6) 나가셨어요 (7) 받으세요 (8) 열어 보세요

21

1 (1) 설명해 드리겠어요 (2) 안내해 드리겠어요
(3) 도와 드리겠어요 (4) 연락해 드리겠습니다
(5) 가르쳐 드리겠습니다 (6) 설명 좀 해주세요
(7) 안내 좀 해주세요 (8) 좀 도와 주세요
(9) 연락 좀 해주세요 (10) 좀 가르쳐 주세요

2 (1) 일어나야 합니다 (2) 찾아야 합니다
(3) 전화해야 합니다 (4) 들어야 합니다
(5) 만나야 합니다

3 (1) 내린 (2) 된 (3) 먹은 (4) 결혼한 (5) 산

4 (1) 손님하고 말씀하시는데요 (2) 저 나카지마인데요
(3) 밥이 좀 많은데요 (4) 지금 2만원밖에 없는데요
(5) 가방 찾으러 왔는데요 (6) 나는 술을 하지 않는데요
(7) 그 얘기는 저도 아는데요 (8) 오늘은 날씨가 추운데요
(9) 부자라면 좋겠는데요 (10) 부산까지는 좀 먼데요

22

1 (1) 다나카 씨는 한국 사람인 것 같아요 (2) 월요일은 바쁜 것 같아요
(3) 한국어는 어려운 것 같아요 (4) 다나카 씨는 일본에 간 것 같아요
(5) 한국어 실력이 는 것 같아요 (6) 그 얘기는 들은 것 같아요
(7) 한국에서 사는 것 같아요 (8) 모리 씨는 집에 없는 것 같아요

付　録

2 (1) 한국어가 쉬워졌어요　　　(2) 1년 전보다 물가가 비싸졌어요
　　(3) 몸이 따뜻해졌어요　　　　(4) 날씨가 추워졌어요
　　(5) 젊은 사람들하고 있으니까 젊어졌어요
3 (1) 이었을　(2) 쌀　(3) 추울　(4) 없었을　(5) 공부할　(6) 받을
4 (1) 사니까　　　　(2) 이니까　　　　(3) 갈 테니까
　　(4) 갔으니까　　　(5) 할테니까　　　(6) 까마니까

23

1 (1) ⑦　(2) ④　(3) ③　(4) ⑥　(5) ①
2 (1) 오늘은 호텔에서 묵을 겁니다
　　(2) 모리 씨한테 전화할 겁니까
　　(3) 노력하면 반드시 성공할 겁니다
　　(4) 그 영화는 틀림없이 재미있을 겁니다
　　(5) 일본과 한국은 문화가 비슷할 겁니다
3 (1) 분하지만 참을 생각입니다　　(2) 한국 사람과 결혼할 생각입니다
　　(3) 저도 그렇게 할 생각입니다　　(4) 가격을 낮출 예정입니다
　　(5) 4일간 한국에 있을 예정입니다
　　(6) 한국에 어학 연수하러 갈 예정입니다
4 (1) 달라요　(2) 몰랐어요　(3) 서둘러서　(4) 빨라요　(5) 서둘러
5 ① 는　② 할　③ 할　④ 간　⑤ 었　⑥ 올　⑦ 불러

24

1 (1) 공부한 지　(2) 사귄 지　(3) 들은 지　(4) 결혼한 지　(5) 먹은 지
2 (1) a. 차 운전을 할 줄 알아요　　b. 차 운전을 할 줄 몰라요
　　　 c. 차 운전을 할 수 있어요　　d. 차 운전을 할 수 없어요
　　　 e. 차 운전을 못해요　　　　　f. 차 운전을 하지 못해요
　　(2) a. 김치를 먹을 줄 알아요　　b. 김치를 먹을 줄 몰라요
　　　 c. 김치를 먹을 수 있어요　　d. 김치를 먹을 수 없어요

147

　　　　　e. 김치를 못 먹어요　　　　　f. 김치를 먹지 못해요
　　(3) a. 한글을 읽을 줄 알아요　　b. 한글을 읽을 줄 몰라요
　　　　　c. 한글을 읽을 수 있어요　　d. 한글을 읽을 수 없어요
　　　　　e. 한글을 못 읽어요　　　　　f. 한글을 읽지 못해요

3 (1) 인가요　　　　(2) 바쁜가요(바쁘나요)　(3) 있는가요(있나요)
　　(4) 있는지, 없는지　(5) 전화했는지　　　　(6) 이었는지, 이었는지
　　(7) 하는지, 안 하는지 (8) 갈지

25

1 (1) 이 책은 재미있어서 읽기 쉬워요
　　(2) 역이 가까워서 학교 다니기 편해요
　　(3) 이 가방은 커서 갖고 다니기 불편해요
　　(4) 옷이 잘 어울려서 보기 좋아요
　　(5) 그 옷은 촌티나서 보기 나빠요
　　(6) 이 동네는 버스 소리가 시끄러워서 살기 안 좋아요

2 (1) 김 선생님은 담배를 끊는다고 하셨습니다
　　(2) 다나카 씨는 내일 한국에 간다고 그래요
　　(3) 내일 전화한다고 전해 주세요
　　(4) 그녀는 회사원이라고 그래요
　　(5) 어제는 날씨가 좋았다고 합니다

3 (1) ⑨　(2) ①　(3) ③　(4) ⑦　(5) ⑤　(6) ⑥

아바타가
가바하자
하바수나
라타 매
바
타

泰리

■ 数字は提出課です。

ㄱ

가격	23
가르치다	21
가을	17
가장	17
가져가세요	21
가죽	21
~간	23
갈아 입는	23
갑시다	19
갑자기	21
값	19
갔습니까?	18
갔어요	18
갔어요?	18
갖고 다니다	25
갖고 싶다	20
개월	24
거의	21
걱정마세요	24
건강하다	17
건너다	25
걷다	19
걸다	22
걸리다	19
걸어갈까요?	19
걸어갑시다	19
걸어서	19
게	22
겨울	17
결혼식	22
경제	25
경치	21
계셨었는데요	23

계절	17
고려인삼	22
고생	22
고치다	21
곧	22
곱다	17
공항	19
과연	19
과자	21
교류	19
교보문고	23
교수	19
구두쇠	19
궁금하다	24
그땐	23
그러면	22
그러지요	23
그런데	24
그렇지 않아도	20
그릇	19
그리고	18
그만두다	25
그저께	18
금방	19
금세기	25
기다리다	25
기쁘다	17
기사	21
기온	22
길	25
김치	18
까맣다	17
깨닫다	19
~께서는	20
꽁초	20

索 引

꽃	17	다 되어갑니다	23
끊기로	25	다르다	23
끊기 쉽다고	25	다음	17
끊기 어렵다	25	다음 달	22
끊기 전에	25	닦다	25
끊는다고는	25	달(月)	22
끼다	25	달다	17
		담배	20
		대국	25

ㄴ

~나	19	대문	19
나가다	18	덕수궁	19
나갈게요	24	데(所)	19
나왔어요	24	도(度)	22
남들	25	독신	18
낮추다	23	돌아왔어요	18
내년	19	돕다	17
내리다	21	동네	25
내일	17	되다	21
너무	17	두다	21
넘다	22	둘이	18
네트워크	19	듣다	19
노래	20	들르다	23
노력	23	들어오세요	20
녹다	25	딩동	20
놀러	18	따뜻하니까요	17
누구세요?	20	따뜻해질 테니까요	22
눈	19	딱	25
눈(雪)	25	때	18
느리다	17	또한	19
늘다	22	뚱뚱하다	19
늦어서	19	띄다	19

ㄷ

ㄹ

다(全部)	19	로비	25
다니다	25	롯데월드	24

151

ㅁ

~만	22
만나다	18
말(話)	17
맛	25
망치다	25
매력	19
매주	21
머리	17
먹다	17
먹어야겠는데요	22
먹을 수 있나요?	24
먼저	23
메모	25
명동	18
모르다	23
모으다	18
몸조리	24
묵다	23
문제	17
문화	23
뭔지	24
미스터	19

ㅂ

바꾸다	17
바다	18
바람	21
바쁘다	17
박물관	17
받으세요	20
밤	22
밤샘	19
밥	18

방법	23
배우다	17
버리다	20
~법	23
보고 싶어요	19
보기 나쁘다	25
보기 좋다	25
보내다	17
보너스	22
보다	22
보여주세요	21
보이다	27
본인	21
볼 줄 몰라요	24
볼 줄 알아요?	24
봄	17
봐 주세요	25
부르다	24
부산	17
부처님	20
분하다	23
불다	21
불러 줄래요?	23
비빔밥	18
비슷하다	23
빌다	25
빠르다	23
빠지다	19
빨갛다	19
빨리	17
뿌리	18

ㅅ

사건	24
사귀다	24

索 引

사랑	19			
사랑하다	25	**ㅇ**		
사사키	17	아까	23	
사장님	20	아르바이트	24	
상당히	22	아름다우니까요	17	
색깔	21	아이스크림	25	
생각	23	아직	18	
생각하다	25	아프다	17	
서다	17	안내 해	20	
서누르다	23	안 되다	20	
서류	21	않다	20	
서투르다	23	앞으로는	25	
선물	18	애인	21	
설명	21	약(藥)	24	
성공	23	약하다	22	
세기	25	애기	19	
소리	25	어겼기 때문에	25	
손님	19	어때요	17	
쇼핑	18	어떻다	17	
쉬다	22	어떡하죠?	22	
쉽다	19	어렵다	19	
스님	21	어서	20	
슬프다	21	어울리다	25	
시끄럽다	25	어제	18	
시청	24	어학 연수	23	
시키다(注文)	19	얼마나	24	
식	17	여기서	19	
식사	18	여기 있습니다	21	
신분	21	여름	17	
신세	22	여자	25	
신청서	23	여행	18	
싫어해요	17	열심이	18	
심한가요	24	열어 보세요	20	
쓰다	20	열어 봐도	20	
쓰레기	24	영업	24	

153

영하	22	~인지	21
옆집	21	일어나다	21
예정	23	읽다	19
옛날	18	잃어 버리다	21
오래간만	20	잇다	24
오르다	25	있는지	24
오세요	20	있었어요	18
오에	19	있었어요?	18
오전	24	잊다	20
오후	22		
옥상	21	**ㅈ**	
온지	24	자	19
올라가다	21	자기	18
옷	22	작다	20
왔는데요	21	잔업	18
~요	17	잘 살다	18
요금	25	잘 하세요	24
우산	22	잠깐	20
운전	24	잡다	25
울다	21	재미있다	23
울리다	25	저녁	18
웃기다	25	적	21
웃다	19	전	21
원래	25	전철	21
원숭이	25	전하다	25
월요일	22	젊다	17
유달리	22	정말	22
유학생	19	정문	19
이게	20	제일	17
이번	25	제주도	19
이선혜	17	좀	20
~이죠	22	종일	19
~인것 같아요	22	좋아해요	17
인상	18	주	17
인정	25	주시다	21

索引

~중	23
중국	25
중요하다	25
~중입니다	23
증명서	21
지나다	24
지난 번	21
지다	22
지하철	18
진상	24
짜다	17
짬뽕	23
~쯤	18, 24
찍다	21

ㅊ

차(車)	24
참다	23
찾다	18
찾아 주세요	21
책	19
책상	21
처녀	18
청량리	21
청바지	18
초인종	20
촌티나다	25
추우니까요	17
추운것 같아요	22
추울 때	22
추워졌어요	22
추위	22
출발	23
출발한 거예요	23
출발할 생각	23

춥지 않으니까요	17
춥지요?	22
치다	24
친절	22
7시	18

ㅋ

커다랗다	22
콘택트렌즈	25
크다	25

ㅌ

타다	24
태우다	24
태워 주다	24
통일	25
틀림	21

ㅍ

팔다	23
편리	19
편지	18
표	23
프런트	23
피부	18
피아노	21
피우다	25
필요	22

ㅎ

하루	19
하면서	19
하얗다	18
한 대	25
한반도	25

155

한일	19
한자	24
할 수 없이	25
해 두다	21
해야 하니까요	21
했어요?	18
～행	21
행복	17
허홍규	19
호텔	21
확인	21
효과	22
후	22
힘들다	25

日本人のための
アンニョンハセヨ　アンニョンハシムニカ
韓国語入門 ②

初 版 発 行 ：1996 年 1 月 30 日
改訂版印刷 ：2004 年 2 月 5 日
改訂版発行 ：2004 年 2 月 10 日
著　　　者 ：姜奉植
発 行 者 ：嚴泰相
発 行 所 ：ランゲージプラス
登 録 日 ：2000 年 8 月 17 日
登 録 番 号 ：第 1-2718 号
住　　　所 ：〒 135-935 ソウル市江南区駅三洞 826-28
　　　　　　　TEL 1588~1582　FAX (02) 3671~0500
　　　　　　　URL http://www.languageplus.co.kr
　　　　　　　E-mail tltk@chol.com

ⓒ 1996, 2001

＊本書の無断複写・複製・転載を禁じます。
＊万一、落丁・乱丁の場合は、お取り替えいたします。
＊定価は、カバーに表示してあります。

ISBN 89-5518-206-6 18710 (set)
　　　89-5518-208-2 18710

日本での発売元：株式会社 国書刊行会

〒 174-0056　東京都板橋区志村 1-13-15
TEL：03-5970-7421　FAX：03-5970-7427
ISBN 4-336-04575-5